青少年 航空模型
制作、放飞与竞赛教程

蔡冬冬　王朝升　编著

清华大学出版社

北　京

内 容 简 介

本书以各种航空模型的设计和放飞为主，包括手掷飞机、橡筋动力飞机、电动飞机、旋翼机和特种飞行器等模型，融合了各种飞机的飞行原理、空气动力学、无线电遥控、气象等航空知识，有着完备的课程体系。全书共 6 章，以每一类模型为一章，详细讲解其原理、制作、放飞和竞赛，并将模型的飞行原理和调整原理融入各种实验和飞行的探究活动中，内容循序渐进、深入浅出，旨在帮助学习者成为一个优秀的飞机"设计者"和"飞行员"，提高竞赛水平。关于模型的制作与放飞还留有一些改进和创新的空间，读者可根据已获得的相关知识进一步探索飞行的乐趣。

本书假定读者没有任何航空模型学习的基础，书中内容易于被青少年学习掌握，易于激发读者的学习兴趣，帮助读者在学习航空知识的同时探索飞行的奥秘，并且爱上飞行。

图书在版编目（CIP）数据

青少年航空模型制作、放飞与竞赛教程 / 蔡冬冬，王朝升编著 . —北京：清华大学出版社，2024.5

　ISBN 978-7-302-66000-2

　Ⅰ . ①青…　Ⅱ . ①蔡…②王…　Ⅲ . ①航模－制作－青少年读物　Ⅳ . ① G875.3-49

中国国家版本馆 CIP 数据核字 (2024) 第 069219 号

责任编辑： 袁金敏
封面设计： 阿南若
版式设计： 方加青
责任校对： 徐俊伟
责任印制： 丛怀宇

出版发行： 清华大学出版社
　　　　　　网　　　址：https://www.tup.com.cn，https://www.wqxuetang.com
　　　　　　地　　　址：北京清华大学学研大厦 A 座　　　　　邮　　编：100084
　　　　　　社 总 机：010-83470000　　　　　　　　　　　邮　　购：010-62786544
　　　　　　投稿与读者服务：010-62776969，c-service@tup.tsinghua.edu.cn
　　　　　　质 量 反 馈：010-62772015，zhiliang@tup.tsinghua.edu.cn
印 装 者： 三河市天利华印刷装订有限公司
经　　销： 全国新华书店
开　　本： 170mm×240mm　　　**印　　张：** 13.75　　**字　　数：** 234 千字
版　　次： 2024 年 5 月第 1 版　　　**印　　次：** 2024 年 5 月第 1 次印刷
定　　价： 99.00 元

产品编号：102894-01

广阔的田野上，有一个小孩在玩耍，玩累了，躺在草地上，仰望天空，看到了飞翔的鸟儿、飘动的白云，还有遥远的太阳，小孩若有所思，然后捡起几片叶子抛了出去，有的飘摇，有的翻滚，有的随风飘向了远方。回到家后，小孩将这天的所遇所思带入了梦乡，在梦里，他竟飞上了蓝天，他欢笑着、翻滚着，时而一飞冲天，时而穿梭云间，疾驰的风儿在耳边呼啸。

天地之间充满着可爱的空气，这些空气看不见、摸不着，却被地球的万有引力牢牢地抓住，没能逃之夭夭，而是形成了大气层。空气并不安分，它时而安静，时而调皮、淘气，偶尔也会狂怒不止。也正因为如此，飞行既非常有趣，又充满挑战。为了飞行，人们发明了各种各样的飞行器，有固定翼、单旋翼、多旋翼、扑翼、伞翼、浮空器，等等。这使飞行变得更加简单、更易实现。

青少年也有属于自己的飞行器，航空模型就是最易实现飞行梦想的工具，它集科技、教育、体育于一体，可实现室内与户外的互动。航空模型让学习者既是飞机的设计者，也是飞行员。学习者若能够根据理论和实验设计一架制作精良的航空模型，并且模型能够适应各种气流环境，这就是一名优秀的设计者；学习者若能够根据不同的天气环境将模型成功放飞到空中，甚至能够通过调试和改进使一架设计糟糕、性能很差的模型成功飞上天，这就是一名优秀的飞行员。

航空模型的最大魅力在于能向充满求知创新欲的青少年提供这样一个实践机会，让青少年经历类似科学家和工程师学习、探索和研究的过程。学习者通过学习空气动力学、材料与结构、飞机飞行原理、飞机调试原理、无线电遥控、气象等相关的航空知识，然后进行机翼设计、翼型设计、尾翼设计、动力设计及各种改进设计，等等。最后学习者通过试飞来检验设计的合理性，在试飞和改进的反复交替中，不断探索和创新，通过理论指导实践与实践丰富理论的过程，实现实践与理论的融合以及多学科的融合，促进青少年在德、智、体、美、劳等方面全面发展。

通过航空模型的学习，学习者可参加由国家体育总局主办的全国青少年航空航天模型教育竞赛活动，通过竞赛进一步增强学习者的责任心、有始有终的毅力和合作精神，提高成就感和自信心。

在本书的编写过程中，为了获得更多可靠的数据以及验证各种设计和改进方案，工作室的学生们协助完成了大量的飞行实验，参与的学生有梁一鸣、王弈涵、郑凯元、李亚童和苏瑞，他们通过多次反复实验，确保能够得出更准确的数据和结论。

由于实验条件有限，书中有些数据不能通过实验测量直接获得，而是基于理论和实践得出的经验值。为了让知识浅显易懂，使内容图文并茂、更具美感，特邀请钟蕾老师为本书绘制插图，其中 1.1 节和 1.3 节的部分插图由李梦圆老师绘制。

感谢安徽省肥东县教育体育局的领导，在你们的帮助下成立了肥东县青少年科技创新教育工作室；感谢合肥市科协和合肥市教育局，在你们的帮助下成立了合肥市蔡冬冬智能创新教育工作室，县市联合为科创教育搭建了研究、教研、教学和交流的平台。在本书的编写过程中，特别感谢北京航空航天大学王洪伟教授的悉心指导，感谢田秋雨老师作为助教来分担教学工作，还有朋友和家人，感谢你们一直以来的支持和陪伴，才能够使我们顺利完成本书的写作。

由于作者水平有限，书中不免有疏漏和错误之处，诚恳欢迎各位读者不吝指正，也欢迎大家一起交流学习，可发邮件至 807433830@qq.com。

让我们一起在指尖上创造奇迹，在创造中点燃智慧！

蔡冬冬
2023 年 12 月 28 日

目录

第3章
橡筋动力飞机模型

第 4 章
电动飞机模型

第 5 章
旋 翼 机 模 型

第 6 章
特 种 飞 行 器 模 型

第 1 章

飞机的飞行原理

  万有引力束缚着地球附近的一切物体，然而万有引力并未能束缚我们的想象，反而激起了我们对飞行的渴望。地球拥有厚厚的大气层，这给生活增添了丰富的色彩，鸟儿可以展翅高飞，蜜蜂嗡嗡地在空中扑翼悬停，大飞机在云中穿梭……，接下来让我们一起探索飞行的奥秘。

1.1 大气

1.1.1 大气压

晴朗的天气，仰望过去，看到的是一片蓝蓝的天，蓝蓝的天其实就是阳光下的大气层，如图1.1.1所示，这层厚厚的、包裹着地球的大气层填充的都是空气。空气是有质量的，我们身体周边的空气会被头顶上方的空气压着，形成大气压。在生活中，若把吸盘压在玻璃或瓷砖上，挤出里面的空气，我们发现吸盘很难拔下来，这是因为大气压把吸盘紧紧地压在玻璃或瓷砖上。

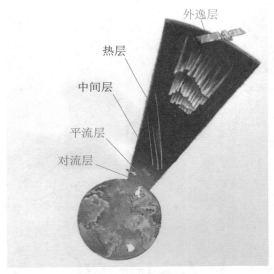

图1.1.1　大气层的分布

实验探究：大气压的力量

实验器材：一个玻璃杯（杯子高于蜡烛的长度）、一支蜡烛、点火器、水、盘子。

实验过程

把蜡烛竖直粘在盘子的中央，然后在盘子中加入适量的水。点燃蜡烛，最后将杯子倒扣在蜡烛上，如图1.1.2所示。仔细观察水面和蜡烛会发生什么变化。

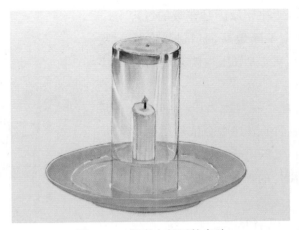

图 1.1.2 探究大气压的实验

现象与结论

可以看到杯子里的水面逐渐上升，过一会儿蜡烛熄灭了。蜡烛刚刚熄灭后，水位还会继续上升一段时间。

蜡烛的燃烧消耗了氧气，当蜡烛将杯子里的氧气消耗完以后，蜡烛就熄灭了。因为杯子里的氧气被消耗了，杯子里气压就会减小，而杯子的外面是大气压，大气压就把盘子中的水"压"进了杯子里，就好像水被吸进了杯子里。

想一想：蜡烛刚刚熄灭后，水位为什么还会继续上升一会儿呢？

气压真的会"吸"吗？

我们在呼吸空气时会用到吸，在用吸管喝水的时候也会用到吸，这里的吸是我们对空气、水的一种作用和体验。

当我们用吸管喝水时，只要轻轻地吸一下，水就会通过吸管流入我们的嘴里。事实上，我们所谓的"吸"其实是大气压在"压"，当我们用力吸时，口腔和吸管内的气压会变小，形成低压区，而大气压有个特点，它是把气体、液体等物质从高压区"压"进低压区。在用吸管喝水的过程中，大气压就是通过吸管外的水面把水从高压区"压"进吸管和口腔内的低压区，如图 1.1.3 所示，这里的高压指的是吸管和口腔外面的大气压，而大气压"压"的过程就是我们所谓的"吸"。

倘若我们在吸管的中间戳一个较大的孔，那么即使我们用劲全身的力气去吸，也无法把水吸上来，原因是在吸的过程中，吸管外面的空气会不断地从洞口进入吸管，吸管内形成不了低压区，大气压也就无法把水"压"上来。

由于在表述时"吸"比"压"更形象，更易于理解，所以后面的表述中会依然用到"吸"，大家只需要理解：气压不会"吸"，只会"压"，"吸"是气压"压"的一种表现。

图 1.1.3　用吸管喝饮料

1.1.2　空气的黏性

在自然状态下，所有的气体、液体在流动的过程中都存在一定的黏性，例如，向一个杯子里倒入水，另一个杯子中倒入蜂蜜，当我们分别用一根筷子搅动时，会发现蜂蜜比水搅动起来阻力更大、更困难一些，这是因为蜂蜜的黏性比水要大。其实我们在倾倒蜂蜜的过程中也会发现，蜂蜜比水更加黏稠，如图 1.1.4 所示。空气也有黏性，只是空气的黏性太小，不容易被我们察觉，我们可以通过实验来感受空气的黏性。

图 1.1.4　黏稠的蜂蜜

实验探究：流动空气的黏性

实验器材：3 ～ 10 根细的吸管（图 1.1.5）、透明胶带。

图 1.1.5　3 根吸管

实验过程

先取一根吸管，将一根吸管的一端放入嘴中吹气；然后把两根吸管用透明胶带加长后再吹气，如图 1.1.6 所示；之后依次逐渐加长吸管并进行吹气实验，感受吹气过程中阻力的变化。

图 1.1.6　用透明胶带加长后的吸管

现象与结论

随着吸管的不断加长，我们发现对着吸管吹气越来越费力。这是因为吸管越长，吸管的内壁与气流接触面积就越大，吹气时遇到的阻力就越大，阻力的存在说明流动的空气具有一定的黏性。

1.1.3　气流

实验探究：风的形成

取一张正方形的纸，在纸上画上螺旋线，然后沿着螺旋线剪开，从中间把螺旋形状的纸用细线悬挂起来，在纸的下方点燃一支蜡烛，如图 1.1.7 所示，观察实验现象。

通过实验可以看到，当蜡烛点燃时，螺旋形状的纸条会旋转起来。移出纸条，将手掌置于蜡烛正上方较高的位置，也能够明显感受到上升的热气流。这是因为空气受热膨胀，热气流上升所致。

图 1.1.7　螺旋纸在蜡烛正上方

风是地球上的一种自然现象，由太阳辐射引起。如图 1.1.8 所示，太阳光照射在地球表面，由于地面受热不均，使得地表的部分区域温度升高，空气受热膨胀变"轻"（密度变小）而往上升。热空气上升后，远处温度较低的空气横向流入进行补充，这就产生了风。

例如，在太阳光的照射下，由于城市建筑群密集，柏油路和水泥路面较多，

图 1.1.8　风的形成

　　再加上城市的能量消耗大，产生的热量多，城市中的空气温度上升快，郊区的空气温度上升慢。在白天，城市中空气的温度高于郊区空气的温度，城市中的空气受热膨胀变"轻"（密度变小）而往上升。热空气上升后，周边郊区的相对低温的空气流入，就形成了由郊区吹向城市的风，这种现象也叫作城市热岛效应，如图 1.1.9 所示。

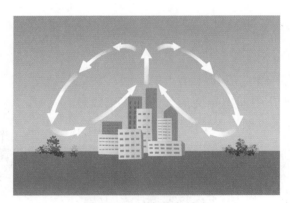

图 1.1.9　城市热岛效应

　　太阳辐射是大气最主要的能量来源，在清晨之前，大地经过了漫长的黑夜，地面把白天吸收的太阳辐射的热量已经释放到空气中，因此清晨的大气相对来说是比较稳定的。这也是训练航空模型的较好时机。

　　太阳升起后，随着太阳的升高，辐射的热量逐渐增强，地面吸收的热量也越来越多，由于地表受热不均匀，就会产生上升气流和下降气流。

　　由于地表材质不同，地表温度上升的快慢也不同，例如，水泥地、沙地受太阳照射后温度上升较快，而草地、湿地、田地以及云朵遮盖区域的温度上升慢，所以在水泥地、沙地上空会形成上升气流，在草地、湿地和田地上空会形成下降气流。

在傍晚时分，太阳辐射减弱，地面以散发热量为主，整体来说，傍晚的气流相对平稳。所以傍晚也是训练航空模型的好时机。

地面的风来自不同的方向，气象学上把风吹来的方向规定为风向。例如，风来自东方，就是东风，风来自南方，就是南风。正确的风向判断有利于航模的放飞，可通过手抛轻小的物体，例如树叶、羽毛等，也可以通过观察旗帜或丝带的飘动方向。

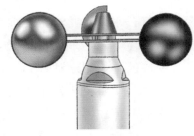

图 1.1.10　风速仪

风也有大小，即风前进的速度，风的大小可用风速表示，使用风速仪可测量风速，如图 1.1.10 所示。在生活中，很多时候我们并不使用风速仪测量风的大小，而是通过一些现象大致判断风速。

对风的大小进行分级，就是风的等级，简称风级。一般情况下，可分为 13 个等级，最小为 0 级，即无风状态，最大为 12 级。不同大小的风吹到物体上会表现出不同的效果。根据风吹到地面的物体上或水面所产生的各种现象，我们能够初步判断当前风的级，如图 1.1.11 所示。

风级	名称	风速(m/s)	物象
0	无风	0.0-0.2	静，烟直上
1	软风	0.3-1.5	烟示风向
2	轻风	1.6-3.3	感觉有风
3	微风	3.4-5.4	旌旗展开
4	和风	5.5-7.9	吹起尘土
5	清风	8.0-10.7	小树摇摆
6	强风	10.8-13.8	举伞困难
7	劲风	13.9-17.1	步行困难
8	大风	17.2-20.7	折毁树枝
9	烈风	20.8-24.4	小损房屋
10	狂风	24.5-28.4	拔起树木
11	暴风	28.5-32.6	损毁重大
12	台风（飓风）	32.7-36.9	摧毁极大

图 1.1.11　风级与风速

1.1.4 层流与湍流

空气有秩序地分层流动称为层流，如图 1.1.12 所示。在室内的无风环境下，点燃一支香置于桌边，香燃烧冒出的青烟在起初阶段是竖直向上稳定地流动，这就是层流现象，在后期青烟开始紊乱流动，就变成了湍流（气流流速越快，越容易形成湍流）。轻轻地打开水龙头，流出的细小水流也可以看成层流。

空气的不规则运动称为湍流，它是空气间相互摩擦或是空气沿粗糙不平的表面运动形成的，大气中的湍流主要发生在低空区域，例如，在顺风的楼房前后会形成湍流，如图 1.1.13 所示。湍流会对航空模型产生很多不利的影响，我们在放飞模型时需要避开，在飞行训练时要选择好飞行路线，让飞机飞于高处，同时避开高低不平的地面，远离房屋、树木等障碍物，防止模型进入湍流区域。

图 1.1.12　一缕青烟的层流

图 1.1.13　障碍物前后的湍流

1.2 固定翼飞机

1.2.1 固定翼飞机的组成

人们从鸟儿身上获得了飞行的灵感，通过不断的创新和实践，最终实现了让飞机这个庞然大物在空中飞翔。我们常说的飞机多指固定翼飞机，顾名思义，固定翼飞机是机翼固定在机身，并且与机身之间不会发生相对运动，凭借着空气对机翼的作用力而产生升力的航空器。固定翼飞机主要由五部分组成：机翼、机身、尾翼、起落架和动力系统。

固定翼飞机在机翼和尾翼的控制下可实现俯仰运动、偏航运动和横滚运动，如图 1.2.1 所示，升降舵向下或向上偏移可以控制飞机沿俯仰轴进行俯仰运动，实现飞机的上升或下降；方向舵向左或向右偏移可以控制飞机沿偏航轴进行偏航运动，让飞机向左或向右转弯；副翼的偏转可以控制飞机沿滚转轴进行横滚运动，决定着飞机向左或向右滚转。

图 1.2.1 固定翼飞机的飞行姿态

机翼一般固定在飞机的重心附近，主要为飞机的飞行提供升力。联合机翼与尾翼可以为飞行提供一定的稳定性和操纵性。机翼的内部还可以储存燃油，机翼的下方可挂载发动机、起落架、副油箱等设备。机翼的外形非常讲究，其表面需要尽可能光滑，以减小飞机飞行的阻力，降低能源损耗，同时其形状设计还需要遵循空气动力学原理，能够让机翼产生向上的升力。

机身可用来装载人和货物，同时起到连接机翼、尾翼、起落架和发动机的作用。飞机模型质量比较轻，载重小，机身主要用于存放电池、橡筋等飞机组件。

　　尾翼包括水平尾翼和垂直尾翼。水平尾翼由固定的水平安定面和可上下摆动的升降舵组成。垂直尾翼由固定的垂直安定面和可左右摆动的方向舵组成。安定面可以保证飞机能平稳地飞行，升降舵和方向舵分别用于飞机的俯仰和偏航。

　　起落架安装在飞机的下部，是辅助飞机起飞、降落、停放和滑行的装置，起落架为飞机的安全起降担负着极其重要的责任。为了减小飞行阻力，大多数飞机的起落架可收回到机身内部，而飞机模型的起落架一般是固定的，不可收起。地面起落架装有减震器和轮子组件，水面起落架装有浮筒组件，如图1.2.2所示，雪地起落架装有滑橇组件。

图1.2.2　浮筒起落架

　　固定翼飞机使用的动力装置一般为航空发动机，主要用来产生拉力或推力，使飞机快速前进。航空模型的动力来源有多种方式，如手掷、牵引、橡筋、弹射、电动、油动，等等。采用橡筋和电动方式的模型常配有螺旋桨，油动方式的模型可采用螺旋桨，也可以使用涡轮喷气发动机。

　　飞机发动机启动后会产生拉力或推力，以使飞机前进，当飞机加速到较大的速度后开始升空飞行。若发动机停止工作，飞机可以滑翔，但滑翔性能弱，飞机滑翔的速度快，高度下降得也非常快，处于紧急迫降的状态。

　　还有一类飞机在无动力的情况下有着优秀的滑翔能力，滑翔过程中，飞机高度下降缓慢，这类飞机称为滑翔机，如图1.2.3所示。滑翔机最大的特点是有着大大的机翼，使飞机在飞行时可产生足够的升力，从而使滑翔机可以较低的速度滑翔。有的滑翔机完全没有动力，依靠外力升空，然后进入滑翔过程。还有的滑翔机自身装配了动力，依靠自身的动力进行爬升，达到一定高度后，关闭动力，飞机开始滑翔，这种飞机叫动力滑翔机。

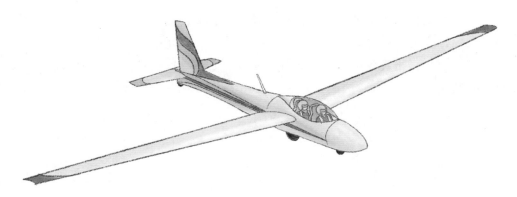

图 1.2.3 滑翔机

1.2.2 机翼

飞机在空气中飞行,机翼是飞机升力的主要来源,机翼的大小、形状、材料以及安装的位置等因素,直接影响着飞机的飞行性能。性能优良的机翼拥有足够的结构强度,不仅能够提高升力和降低阻力,更能够增强机翼对各种气流的适应能力,保障飞机可以安全地飞行。在研究机翼升力的过程中,为了更好地描述机翼的形状、大小、安装位置和安装角度等要素(图 1.2.4),涉及的名词解释如下。

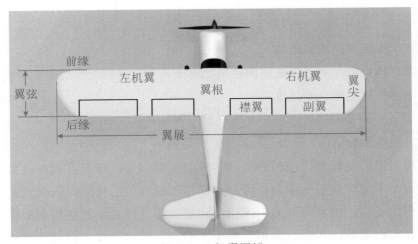

图 1.2.4 机翼图解

前缘: 指机翼前部的边缘,机翼前缘一般是比较圆滑的,这样飞机不容易失速,但飞行阻力会增加。

后缘： 指机翼后部的边缘，机翼后缘是比较尖锐的。

翼弦： 指机翼前缘与后缘的连线。

安装角： 指机翼翼弦与机身轴线的夹角，如图 1.2.5 所示。一般橡筋动力飞机的安装角为 2°～3°。

图 1.2.5　安装角

迎角： 飞机飞行时，迎面吹来的气流与机翼弦线之间的夹角，如图 1.2.6 所示。飞行时，作用在机翼上的空气动力与迎角有关。在一定迎角范围内，增大迎角，升力系数和阻力系数都增大。为了获得支持飞机重力的升力，飞机高速飞行时以小的正迎角飞行，飞机低速飞行时以较大的迎角飞行。

图 1.2.6　迎角

翼尖： 指机翼两端的边缘。

翼展： 指机翼左右翼尖之间的距离。翼展是衡量飞机大小的重要数据。

翼根： 指机翼中央的部位。

上反角： 从飞机的正面看，左右机翼上翘的角度，如图 1.2.7 所示。上反角影响飞机的横侧稳定性，在一定范围内，上反角越大，飞机的横侧稳定性就越好。

襟翼： 指的是机翼边缘部分的一种翼面可动装置，襟翼可装在机翼后缘或前缘，可上下偏转或前后滑动，可起到提高飞机升力的作用。依据安装部位和具体作用的不同，襟翼可分为后缘襟翼和前缘襟翼。对于航空模型来说，襟翼一般设计在机翼后缘（靠近翼根）可上下摆动的舵面，左右襟翼的摆动方向总是一致的。

副翼： 指机翼后缘（靠近翼尖）可上下摆动的舵面，左右副翼的摆动方向总是相反的。

图 1.2.7　上反角

翼型: 指机翼截面的形状,常见的翼型有六种,如图 1.2.8 所示。不同的翼型,其飞行性能也不同。

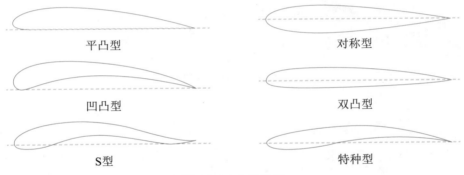

平凸型　　　　　　　　　　对称型

凹凸型　　　　　　　　　　双凸型

S型　　　　　　　　　　特种型

图 1.2.8　六种翼型

平凸型机翼的上表面凸起、下表面平直,较凹凸型机翼而言,升力和阻力都偏小,适合稍大一些的遥控类飞机。

对称型机翼采用上下对称设计,只有在一定迎角时才会产生升力,并且升力和阻力都较小。对称型机翼适用于线操纵飞机和遥控特技飞机。

凹凸型机翼采用薄而弯的设计,升力较大,同时阻力也很大,制作容易,但由于机翼较薄,结构强度弱,载重量小,所以这样的翼型适合小型的、飞行速度慢的航空模型,例如小型的橡筋动力飞机模型、电动自由飞机模型、遥控飞机模型,等等。很多鸟类翅膀的截面也是这样的形状。

双凸型机翼是真飞机常采用的一种翼型,这样的翼型可应用于仿真航空模型。

S 型机翼像一个横放的字母 S,它的飞行模型稳定性很好,适用于无尾翼的航空模型。

为了进一步提高模型的飞行水平，模型的机翼可选择特种翼型进行设计，特种翼型是依据空气动力学原理进行探索性研究而设计的。高速客机采用的"后加载"翼型也是根据类似的原理设计的。

1.2.3 尾翼

尾翼是安装在飞机尾部的一种装置，是飞行控制系统的重要组成部分，主要功能是操纵飞机升降和偏转，并保证飞机平稳飞行。大多数飞机的尾翼包括水平尾翼和垂直尾翼，也有少数采用 V 型尾翼，如图 1.2.9 所示。

图 1.2.9　V 型尾翼

1. 水平尾翼

水平尾翼由固定的水平安定面和可动的升降舵组成，如图 1.2.10 所示。

图 1.2.10　尾翼图解

水平安定面： 安定面的作用是使飞机具有适当的静稳定性。当飞机飞行时，常常会受到各种气流的影响，此时飞机的飞行方向就会发生改变，例如机头抬头或低头时，此时作用在水平安定面上的气动力就会产生一个与偏转方向相反的力矩，使飞机恢复到原来的飞行姿态。一般来说，飞机俯仰得越厉害，水平安定面所产生的恢复力矩就越大。

如果飞机没有适当的静稳定性，就无法自动恢复到原来的飞行姿态，即如果飞机受到风的扰动而抬头，那么飞机就会持续抬头，而且当这股扰动气流消失以后，飞机仍会保持抬头姿态，而无法恢复到原来的姿态。

水平安定面是水平尾翼中的固定翼面部分。飞机的水平安定面能够使飞机在俯仰方向上（即飞机抬头或低头）具有静稳定性。当飞机水平飞行时，水平安定面不会对飞机产生额外的力矩；而当飞机受到扰动抬头时，在此时作用在水平安定面上的气动力就会产生一个使飞机低头的力矩，使飞机恢复到水平飞行姿态；在这个过程中，飞机就相当于一个跷跷板，支点在机身中段附近，气流流经水平安定面将飞机尾部抬升，对应的飞机头部高度开始下降。同样的道理，如果飞机低头，则水平安定面产生的力矩就会使飞机抬头，直至恢复水平飞行为止。

升降舵：指水平尾翼后缘可上下活动的舵面，用来控制飞机的升降，舵面向上偏移，飞机抬头向上飞，舵面向下偏移，飞机低头向下飞。

2. 垂直尾翼

垂直尾翼包括固定的垂直安定面和可动的方向舵。

垂直安定面：指垂直尾翼中的固定翼面部分。飞机的垂直安定面能够使飞机在偏航方向上（即飞机偏左或偏右）具有静稳定性。当飞机在空中飞行时，垂直安定面不会对飞机产生额外的力矩，但当飞机受到气流的扰动，机头偏向左或右时，此时作用在垂直安定面上的气动力就会产生一个与偏转方向相反的力矩，使飞机恢复到原来的飞行姿态。一般来说，飞机偏航得越厉害，垂直安定面所产生的恢复力矩就越大。

方向舵：指垂直尾翼后缘可左右活动的舵面，用来控制飞机的左右偏航。舵面向左偏移，飞机向左转向飞行；舵面向右偏移，飞机向右转向偏移。

1.2.4　飞行安全

飞机在空中飞行时要考虑安全问题，飞行安全包括人的安全、飞机的安全、公共设施的安全，等等。

对于翼展较小的航空模型可选择在室内体育场进行放飞，由于室内的气流稳定，非常适合模型的试飞，模型在户外放飞时需要选择一个低海拔、人烟稀少、地面平坦开阔的安全场地，例如学校的田径场、平坦的草地，无人活动的广场，等等。若航空模型带有螺旋桨，当螺旋桨高速旋转时，切勿用手直接接触正在旋转的螺旋桨，以免割伤。

飞行时要尽可能保持模型在视线范围内，远离电磁干扰源、树木、建筑物、障碍物、人群、鸟群、水面、马路、机场、高压输电线以及空中的其他飞行物体（如风筝），等等。

放飞需避免大风、雨、雪、冰雹、雾等天气，航空模型也不可进入飞机与直升机航空管制区域，可能会对这些飞行器的导航系统产生影响，以至于造成坠机事故。如果模型的操控者不够小心，还可能损坏电缆、建筑等公共设施，甚至伤人。因为这些原因，政府管理部门制定了相应的飞行管制措施。例如，任何飞行器不得在人群密集的区域、军事重地、政府机关单位等禁飞区域附近飞行。

1.3 飞机升力原理

固定翼飞机是通过涡轮发动机产生前进的推力，飞机高速前进使气流快速流过机翼，从而产生升力，如图 1.3.1 所示。固定翼飞机的机翼相对于飞机的机身是固定的，而直升机、多旋翼飞机等旋翼飞行器的机翼不是固定的，旋翼飞行器的升力是通过旋翼的旋转产生的。但无论是在天上飞行的固定翼飞机，还

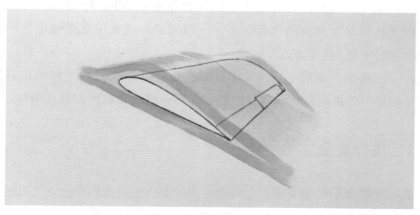

图 1.3.1　气流流过机翼

是悬停在空中的旋翼飞行器，它们的机翼在获得升力的同时，机翼与气流之间也在发生相对运动。并且固定翼飞机与旋翼飞行器的机翼剖面形状是相似的，如图 1.3.1 所示，因此它们产生升力的原理也是相同的。

　　固定翼飞机和旋翼飞行器的飞行离不开空气，正是机翼与空气的相互作用让它们获得了升力。空气在流过机翼的过程中会发生哪些现象？升力又是怎么产生的？接下来通过实验探究空气动力学现象。

1.3.1　附壁效应

　　附壁效应是指气流或水流会附着在弯曲物体的外表面，从而偏离原来运动方向的一种流动现象，这个现象是亨利·科恩达（Henri Coandă）发现的，亨利·科恩达是罗马尼亚的发明家和空气动力学家，人们为了纪念这位科学家，把这种效应称为科恩达效应。例如，在使用杯子、碗、酒瓶等容器倾倒液体时，在倾角不大的情况下，液体容易沿着容器的外壁流动，如图 1.3.2 所示。将横着的圆柱形水杯逐渐靠近正在向下流动的自来水，原本竖直下落的水流开始沿着水杯弯曲的外壁流动，如图 1.3.3 所示，这些都是液体的附壁效应。

图 1.3.2　倾倒液体

图 1.3.3　水流的附壁效应

　　水流的附壁效应往往比气流的附壁效应更明显，以图 1.3.3 为例，在空气中竖直向下流动的自来水会紧贴水杯弯曲的外表面流动，其主要原因是水与杯子之间存在着吸附力，并且水流的表面也有很强的张力，在这两个力量的共同作用下，把水"拉向"了水杯的外表面，可以理解为水流是被水杯吸过去的。

⊙　**试一试**

　　打开自来水龙头，自来水缓缓流下，将勺子用细绳悬挂竖起并向水流靠近，用勺子的背面去接触水流，如图 1.3.4 所示，在这个实验中除了可以看到水流的附壁效应，你还能观察到什么？

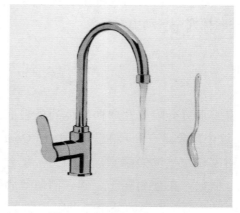

图 1.3.4　用勺子靠近水流

实验探究：空气的附壁效应——隔空吹蜡烛

实验器材：圆柱形杯子、蜡烛、点火器。

实验过程

　　将点燃的蜡烛立在桌面上，然后在蜡烛的正前方放置一个玻璃杯，玻璃杯需要高于火焰的高度。在与蜡烛火焰差不多高度的位置，隔着玻璃杯向蜡烛的方向轻轻吹一会儿，如图 1.3.5 所示。看看火焰有什么变化。由于实验中用到了明火，请在成人指导下进行实验，实验时注意安全。

实验现象

　　隔着杯子吹蜡烛时，蜡烛的火焰会熄灭。

图 1.3.5　隔空吹蜡烛

这是因为吹出的气流虽然被玻璃杯阻挡，但由于科恩达效应，气流会沿着圆柱形玻璃杯的外壁流动并到达火焰的位置，如图 1.3.6 所示，从而吹灭蜡烛。

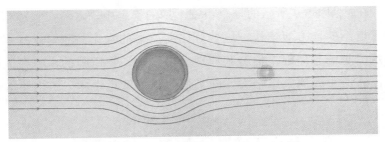

图 1.3.6　流经玻璃杯外壁的气流示意图

在隔空吹蜡烛的实验中，当气流刚到达玻璃杯外壁时，气流将沿着玻璃杯外壁的左右两侧流动，由于空气具有黏性，气流在经过玻璃杯表面时会不断带走玻璃杯表面附近的空气，在图 1.3.7 所示的示意图中，空气的黏性将会让气流带走深蓝色区域的空气，玻璃杯的表面就会形成低压区，在大气压的作用下，气流被大气压压向玻璃杯表面，如图 1.3.8 所示，从而让气流沿玻璃杯表面流动，这就是流动空气的附壁效应形成的原因。

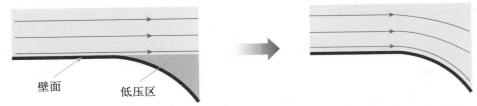

图 1.3.7　玻璃杯表面低压区示意图　　　　　图 1.3.8　气流弯向低压区

⊙　试一试

在隔空吹蜡烛的实验中，如果用一个长方体盒子来代替玻璃杯的位置，隔着玻璃杯向蜡烛的方向轻轻吹一会儿。看看火焰有什么变化。并解释其中原因。长方体的盒子可以是牙膏盒或其他类似形状的盒子，盒子的高度要大于火焰的高度，如果是纸盒或塑料盒，可以用铝箔纸将盒子包裹起来，避免盒子被蜡烛点燃。

1.3.2　伯努利原理

丹尼尔·伯努利是瑞士的数学家、物理学家。1726 年，伯努利通过无数次实验，发现流速与压强存在这样的关系：无论是气体还是液体，流体的流速越大，压强越小；流体的流速越小，压强越大。为纪念这位科学家，人们把这一发现称为"伯努利原理"。

例如，在如图 1.3.9 所示的一个粗细不均的管道中，水流在管道粗的地方流速慢，在管道细的地方流速快，这就好比河道中的水流，河道越宽水流越缓，河道越窄水流越湍急，根据伯努利原理可以得知，管道中的水流在流速快的地方压强小，流速小的地方压强大。向类似这样的管道中吹入气流也会得出同样的结论。

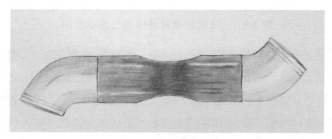

图 1.3.9　管道中的水流

1.3.3　机翼的升力

当空气流经机翼的前方时，一部分空气会流过机翼的上方，另一部分空气会流过机翼的下方，由于机翼的下表面几乎是平直的，对流经机翼下表面气流的速度和方向几乎没有影响，机翼下表面受到的气压也接近于大气压。

机翼的上表面是凸起弯曲的，如图 1.3.10 所示，当气流流过机翼时，由于附壁效应，原本直线流动的空气被机翼弯曲的上表面吸了过来，沿着机翼的上表面流动，一直流向机翼的后下方。气流弯曲产生的"离心力"使得机翼的上表面形成了低压区，低压区里的气压要比大气压小得多。

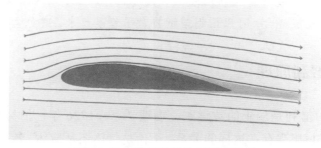

图 1.3.10　流经机翼的气流示意图

比较机翼的上、下表面受到的气压和压力，由于机翼下表面的气压大于上表面的气压，机翼受到的总压力向上，而这个总压力就是飞机的升力，所以机翼的升力是由于机翼上、下表面受到的压力差产生的。在图 1.3.11 中，机翼上方或下方的颜色越深，压强越大。

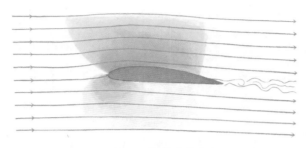

图 1.3.11　机翼压强分布

低压区对将要流过来的空气也有吸的作用，造成上表面气流的加速运动。根据伯努利原理也可以推理出，压强小的地方流速大，所以机翼上表面的气流速度比机翼下表面的气流速度快，如图 1.3.12 所示。

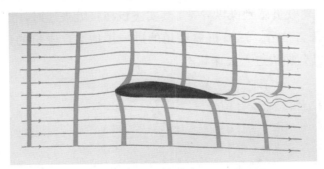

图 1.3.12　机翼上表面流速比下表面流速快

1.3.4　失速现象

飞机在正常飞行情况下，机翼上表面的气流是沿着机翼表面流向后下方，随着机翼迎角的增加，升力也会提高，但前提是气流仍然沿着机翼上表面流动，当迎角超过一定角度时，气流开始与机翼上表面分离，导致机翼上表面的压力上升，这将使得飞机的升力突然减少，阻力急剧增大，不能保持正常飞行的现象，这就是失速。失速过程中，飞机的高度会迅速降低。

飞机失速意味着机翼上产生的升力突然减少，从而导致飞机的飞行高度快速降低。需要注意的是失速并不意味着发动机停止了工作，或是飞机失去了前进的速度。飞机失速的典型特点是机翼上表面气流分离（图1.3.13），飞机操纵失效。

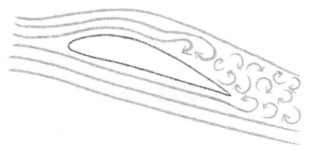

图1.3.13　机翼失速（上表面气流分离）

机翼的升力系数与迎角存在一定关系，如图1.3.14所示，当机翼的迎角在某个临界值范围内时，飞机的升力系数随着迎角的增大而增大，当超过这个临界值后，飞机的升力系数就会随着迎角的增大而减小。这个临界值就是临界迎角，多数飞机的临界迎角在18°左右，当失速时，飞机会产生失控的颠簸运动，发动机发生振动，驾驶员感到操纵异常。其实飞机在接近失速时，已开始呈现抖动，这就是失速的警告信号。随着机翼迎角的进一步增大，飞机的抖动和摇晃会进一步加剧，飞机会加快进入失速状态。

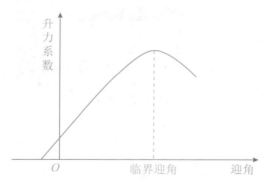

图1.3.14　升力系数与迎角的关系

失速是因为机翼的迎角超过临界迎角，所以失速时最重要的措施是及时降低迎角。飞行员可慢慢向前推杆，同时将发动机功率缓缓地增加至最大，以增大飞机的飞行速度，尽可能减少高度损失。所有的这些操作必须非常柔和，不要动作过大或过快，要缓慢推杆，缓慢增加功率，不然可能导致飞机进入失速状态，此时也要谨慎使用副翼，避免飞机滚转。

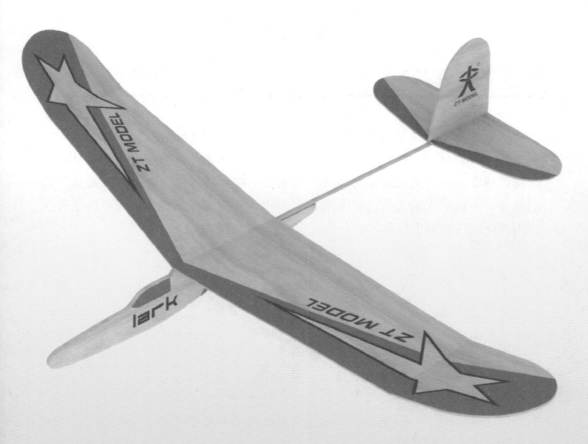

第 2 章

手掷飞机模型

　　航空模型有很多种设计，有的模型自身没有动力，但高举的模型只要有了初速度，在空气中就会获得升力，依靠机翼在空气的托举下缓缓滑翔至地面。手掷飞机模型就是借助手掷初速度和高度优势来实现飞行，若要手掷飞机模型飞得远、飞得久并实现特技飞行，我们还需要了解更多的飞行知识和放飞方法。

2.1 "猎鹰"手掷涂装飞机模型——滑翔机

　　"猎鹰"手掷涂装飞机模型属于滑翔机，翼展为 48cm，机长为 48cm，如图 2.1.1 所示，模型总质量约 48g。材质为聚苯乙烯泡沫，质量轻，耐摔且不易变形，模型的机身采用流线型设计，可通过手掷实现滑翔飞行。打开模型头部的舱盖，可添加配重，最远可滑翔 35m 以上。模型制作完成后，可对模型进行绘图美化，让模型更好看。

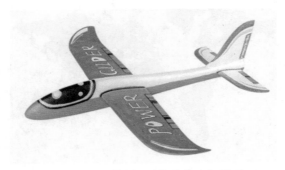

图 2.1.1　"猎鹰"手掷涂装飞机模型

2.1.1　模型制作

　　器材："猎鹰"手掷涂装飞机模型、透明胶带、配重钢球、画笔、颜料。

1. 组装机翼和尾翼

　　"猎鹰"手掷涂装飞机模型共有三个组成部分：机身、机翼和水平尾翼，其中垂直尾翼已经固定在机身中。制作时可将机翼和水平尾翼沿着机身对应的孔缓缓插入并安装到位，如图 2.1.2 所示。安装过程中不要用力过大，避免损坏或变形，同时还需要注意不可将机翼和水平尾翼安装倒了。

图 2.1.2　"猎鹰"手掷涂装飞机模型

　　在新"猎鹰"手掷涂装飞机模型的设计中，模型尾部有两个水平尾翼安装孔，如图 2.1.3 所示。通常会把水平尾翼安装在下方的孔中，飞机可进行正常的远距离滑翔；若将水平尾翼安装在上方的孔中，这时候水平尾翼的后缘上翘，相当于把升降舵大幅度上调，模型可在空中飞出一个圆形的轨迹。

图 2.1.3　有两孔的模型尾部

2. 绘制图案

模型安装成功后，先初步构思需要绘画的内容，然后利用模型自带的颜料和画笔在模型上进行绘画，也可以使用其他彩色笔进行涂色，如图 2.1.4 所示，等颜料晾干后，一架手掷滑翔机模型就制作完成了。

图 2.1.4　在模型的表面进行绘图

3. 模型检查（每一次放飞之前都需要对模型进行检查）

机翼、水平尾翼与机身要安装牢固，不可出现松动现象，将模型头部正对着自己，观察模型左右是否对称，如图 2.1.5 所示。尾翼相对机翼不可倾斜。水平尾翼面与垂直尾翼面要垂直，并保证方向舵和升降舵的舵角为 0°。组装和室内检查完成后，就可以进行手掷试飞了。

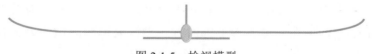

图 2.1.5　检视模型

2.1.2 手掷飞行

模型初次试飞最好在无风环境下进行，可选择室内或室外平整开阔的场地。所有模型在每次试飞前都需要重新检查。

制作好的模型一般会先采用手掷试飞的方式测试其飞行性能，根据模型的飞行姿态来适当调整飞机的升降舵、方向舵、重心以及手掷方式，等等，以便让模型在正式飞行前达到最佳的飞行状态。手持模型机翼下方的机身位置（接近模型的重心），将模型高举过头顶，以充分利用身高的优势，模型保持水平或略微低头5°～10°，然后以合适的力量将模型向前方直线掷出（避免曲线掷出），模型掷出后在空中进行无动力滑翔，如图2.1.6所示，然后密切观察模型的飞行姿态。手掷试飞是一种既简便又安全的试飞方法。

图 2.1.6 手掷试飞与滑翔

"猎鹰"手掷飞机模型通常调节的部分有副翼、方向舵和升降舵，其中副翼一般很少调节，如果模型向右偏转飞行，将方向舵微微向左偏移，方向舵的调整如图2.1.7所示；如果模型向左偏，将方向舵微微向右偏移，通过不断的调整和试飞，直至模型能够直线飞行。

图 2.1.7 调整方向舵（左偏）

在手掷试飞中，手掷的力量、俯仰的角度、配重及气流等因素都会对模型的滑翔产生影响，现在通过各种手掷的方式来探究模型滑翔的姿态和轨迹，看看哪种方式最有利于模型的滑翔，让模型飞出更远的距离。

通过大量的、各种方式的手掷试飞，在无风环境下，"猎鹰"手掷飞机模型微微抬头一定角度并以较大的力量掷出，模型可飞出较远的距离。适当地添加配重可增大模型飞行的距离，打开模型头部的配重舱盖，如图 2.1.8 所示，在舱内添加合适质量的物体，可以让模型飞得更远，配重后，放飞时的手掷力量和俯仰角度都需要重新调整。

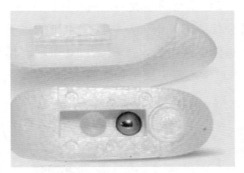

图 2.1.8　模型头部的配重舱

手掷飞机模型的放飞往往需要的是手掷放飞的经验和感觉，每次放飞时，结合气流和滑翔姿态不断调整手掷的力量和角度，通过多次练习，结合理论的指导，探索放飞的技巧，获得手掷放飞的感觉，提高放飞水平。

2.1.3　模型竞赛

在开阔平整的地面上设计一个直线飞行场地，比赛场地的边线长 30m（前方可以延长）、宽 20m，如图 2.1.9 所示。

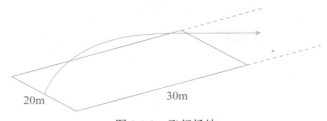

图 2.1.9　飞行场地

比赛中，每人每轮从起点手掷放飞 2 次；模型出手即为正式飞行；飞出去的模型由本人拣取。测量模型头部最前端与起飞线之间的垂直距离。比赛进行两轮，以较远一次距离为单轮成绩，以两轮成绩之和做为个人比赛成绩并进行排名。若放飞中，模型着陆在左右边界线的线上或飞离边界线外，则此轮成绩无效。

2.1.4 趣味飞行

"猎鹰"手掷涂装飞机模型的强度高，飞行性能优越，除了手掷放飞之外，还可以采用多种方式进行放飞。例如，将模型水平放置于地面上，用脚尖对准机身尾部位置并用力将模型踢出去，如图 2.1.10 所示，模型从地面自然起飞。在踢的过程中不易用力过猛，避免模型损坏。

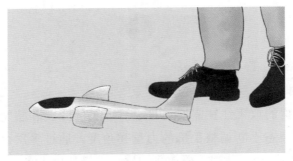

图 2.1.10 后踢放飞

还可以用手捏住模型的翼尖，然后通过原地转体运动并以一定的角度将模型甩出，如图 2.1.11 所示。通过转体可以让模型放飞时拥有更大的初速度，但难点是模型的放飞角度和方向难以精准把握。

图 2.1.11 转体放飞

按正确方式手持模型，助跑 5 ～ 10m 后投掷，这样可以让模型的爬升高度更高，同时也会飞得更远，助跑的同时还可以借助起跳让模型获得更大的高度。"猎鹰"手掷涂装飞机模型可能还有更多方法来放飞，等待着大家去探索和发现。

2.1.5 拓展阅读——飞机的起飞方式

直升机可以垂直起飞，对起飞场地要求较小，而固定翼飞机需要一定的初始前进速度才能起飞，尤其是大型固定翼飞机，更是需要一个起飞跑道。固定翼飞机有不同的大小，可根据自身的特点和应用场景的不同，选择不同的起飞方式，如地面滑跑起飞、滑跃起飞、手掷起飞、弹射起飞和火箭助推起飞，等等。其中翼展较小或重量较轻的固定翼飞机可以采用手掷起飞的方式进行放飞。

滑跑起飞是最常见的起飞方式，滑跑起飞有地面滑跑、水面滑跑和雪地滑跑几种方式。滑跑起飞需要较长的直线距离，以满足固定翼飞机需要足够长的时间加速到起飞速度的要求。为了进一步缩短滑跑距离，飞机还可以采用滑跃的方式起飞。滑跃起飞多应用于航母舰载机的放飞，如图 2.1.12 所示。如我国航母辽宁舰的舰载机在甲板上全油门加速，借助甲板前端上翘进行滑跃式起飞。但是滑跃起飞会大大限制舰载战斗机的载荷能力，作战半径较小，且滑跃方式难以起飞固定翼舰载预警机、运输机等。

图 2.1.12　舰载机起飞

弹射起飞是利用弹射器在短距离内持续助推，使飞机获得更高的初速度，实现在短距离内起飞固定翼飞机。其中，对于翼展较小的固定翼飞机模型，可采用弹力、液压、燃气等弹射方式。弹力弹射是利用伸缩性很强的弹性元件提供动力，弹射元件可以是橡皮筋、弹簧等，如图 2.1.13 所示，为航空模型或小型无人机起飞提供所需的初速度。燃气弹射是指直接利用火药气体发射无人机，通常借助现役火炮发射，这需要统筹考虑飞机的抗过载性能。还有其他一些弹射方式，也只是发射架产生推力的原理有所不同，起飞形式则完全一样。

图 2.1.13　弹射起飞

弹射起飞也是航母固定翼飞机起飞的重要装置。弹射器安装在航母的飞行甲板上，可以使舰载机在短距离内迅速获得所需要的起飞速度。弹射的主要方式有蒸汽弹射和电磁弹射两种方式，蒸汽弹射通过调整蒸汽压力大小来改变弹射的起飞速度，是一种使用时间较长且相对比较成熟的技术。我国的辽宁舰和山东舰就是采用的这种方式，蒸汽弹射技术要求低且比较成熟，但载荷有限并且要消耗大量淡水，而且能量转化效率不高。蒸汽弹射与电磁弹射相比，电磁弹射有着更高的弹射速度和更均衡稳定的能量输出，是目前以及未来航母舰载机起飞的主要发展方向，如图 2.1.14 所示。电磁弹射器主要由储能系统、电力电子变换系统、弹射直线电机和控制系统 4 部分组成，其中弹射直线电机是核心，其工作原理是通电导线在磁场中受到力的作用，利用磁通量巨大的瞬间变化而产生的感应电磁斥力将飞机弹射升空。

图 2.1.14　电磁弹射

除此之外，还有一些不同寻常的发射方式。例如，空中投放发射是将待放飞的飞机被其他飞行器运载到空中后进行投放来实现放飞；利用火箭推进器发射无人机，还可以挂载在运输机上，被运输机携带到高空以后脱离发射。

2.2 歼10手掷战斗机模型

2.2.1 战斗机

歼10战斗机是我国自主研发的、超声速的、全天候飞行的空中战斗机，如图2.2.1所示。战斗机采用单发的大推力涡扇发动机，机翼采用鸭翼气动布局。所谓鸭翼是指将水平尾翼放在主机翼前面的一种设计，鸭翼又叫前翼。这种设计的优点是可使主翼上方产生涡流，可提高失速迎角。歼10战斗机的最大飞行高度为17000m，每小时最快可飞行2695km，最大飞行速度为748.6m/s，速度超过马赫数2，约为声速的两倍。

图 2.2.1 歼10战斗机

马赫数

马赫数可以简单理解为飞行器飞行速度与声音在空气中传播速度的比值，声音传播的速度简称声速，空气中的声速与空气的温度和密度有关，空气中的声速在1个标准大气压和15℃的条件下约为340m/s。例如飞机在不同的高度飞行，海拔高度越高，空气密度越小，温度越低，声速越小，对应的马赫数也会越小，所以马赫数不是一个确定的值。在10000m高空的声速约为295m/s，由此可见，在高空比在低空更容易达到较高的马赫数。马赫数小于但接近1为亚声速，马赫数大于5为超高声速。

仔细观察歼10战斗机的主机翼可以发现，主机翼采用明显的前缘后掠设计，一侧的机翼近似成大三角形，如图2.2.2所示。后掠机翼是指前缘和后缘均向后掠的机翼，机翼后掠程度可用后掠角表示，即机翼前缘与垂直机身方向的夹角，如图2.2.3所示。后掠机翼是跨声速和超声速飞机普遍采用的机翼形式，后掠机翼的气动特点是可以提高机翼的临界马赫数，推迟激波的到来，并减小超声速飞行时的阻力。后掠机翼在高速时具有优良性能，但失去了原来无后掠机翼的良好低速飞行的性能。

图2.2.2　歼10战斗机

图2.2.3　后掠角

歼10战斗机可实现横滚、翻筋斗等精彩绝伦的特技动作，使用小小的歼10手掷飞机模型也可以完成这些动作，其飞行的秘诀在于模型的副翼和方向舵。

2.2.2　模型制作

器材：歼10手掷战斗机模型、剪刀、刻度尺、双面胶、透明胶带。

歼10手掷战斗机模型的翼展为205mm，机长为305mm，如图2.2.4所示，模型头部带有防撞保护罩，直线飞行性能好，模型的副翼、升降舵和方向舵可以进行微调，从而实现对模型飞行姿态和轨迹的调整。

图 2.2.4 歼 10 手掷飞机模型

制作步骤

前翼和主机翼分别插入机身对应的卡槽内，并安装到位，有图案的一面朝上，安装过程中不可用力过大，保证翼面的平整，避免机翼和机身发生变形或断裂。然后把机头保护罩安装到模型的头部，起到加强和保护作用，如图 2.2.5 所示。

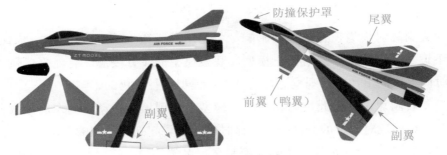

图 2.2.5 组装模型

模型检查（每一次放飞之前都需要进行检查）

手持机翼下方的机身位置，正视模型，如图 2.2.6 所示，检查模型左右是否对称，翼面是否安装到位或变形，通过手动调整后再一次检视，直至模型对称性良好，翼面正常，舵面正常，才可放飞。

图 2.2.6 检视模型

2.2.3 模型放飞

手放置于机翼下方模型重心的位置，将模型水平掷出，如图 2.2.7 所示，观察模型飞行的航向，手掷时把握好手掷的力量，保证模型能够平滑飞行。若模型左偏或右偏，调整模型的方向舵，直至模型能够直线飞行。

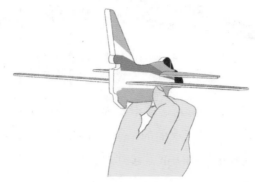

图 2.2.7　手掷模型

探究副翼对模型飞行轨迹的影响，将左副翼微微上调（或下调），右副翼微微下调（或上调），然后掷出模型，观察模型的飞行姿态。将左右两侧的副翼同时向上或向下调整，观察这样的调整对模型飞行轨迹的影响。

当左右副翼进行彼此反向调整时，模型会出现滚转运动，当左右副翼同向调整时，可实现对模型的升降控制，这时候的副翼起到升降舵的作用。

真正的歼 10 战斗机的整个鸭翼面都是可以偏转的，鸭翼可以起到升降舵的作用，若偏转鸭翼使前缘上升、后缘下降，可使战斗机向上飞行。利用剪刀在鸭翼左右侧的后缘区域各剪出一个舵面，如图 2.2.8 所示，以此使鸭翼控制模型的升降。

剪出舵面

图 2.2.8　在鸭翼上剪出舵面

歼 10 战斗机采用的是水平尾翼前置的鸭翼布局，而 F-16 战斗机和 F-18 战斗机采用的是水平尾翼后置，如图 2.2.9 和图 2.2.10 所示，其中 F-18 战斗攻击机采用双垂直尾翼气动布局，并安装两台涡扇发动机，是一型多用途战斗机。

图 2.2.9　F-16 战斗机

图 2.2.10　F-18 战斗机

　　F-16 战斗机和 F-18 战斗机也有对应的手掷飞机模型，如图 2.2.11 和图 2.2.12 所示，其中，F-16 战斗机模型的翼展为 215mm，机长为 305mm，F-18 战斗机模型的翼展为 250mm，机长为 305mm。从以上模型中任选一种进行设计、制作和放飞，也可以进行改进飞行，探究各个可调整舵面对飞机模型飞行的影响，实现各种特技飞行，并尝试进行直线距离竞赛飞行，尝试如何才能将模型飞得更远。

图 2.2.11　F-16 手掷战斗机模型

图 2.2.12　F-18 手掷战斗机模型

2.2.4　拓展阅读——飞行路上的障碍

　　在逐梦蓝天的道路上，人类一直在寻求更高、更快的飞行。而提高飞行器的飞行速度面临四重障碍，分别是声障、热障、黑障和光障。

1. 声障

　　当飞机加速到接近声速时，飞行时会追上自己发出的声波，这时候会产生震波，从而对飞机的进一步加速产生明显障碍，这就是声障。

　　当飞机的飞行速度明显小于声音的速度时，与飞机接触的空气好像"通信员"，以声音的速度"通知"前面即将遭遇飞机的空气，使它们"让路"。当飞机的飞行速度接近声速时，局部气流速度可能已经达到声速，产生局部激波，从而使气动阻力剧增。要想进一步提高速度，就需要发动机有更大的推力。激波使流经机翼和机身表面的气流变得非常紊乱，从而使飞机剧烈抖动，操纵十分困难，飞机速度很难再提高。因此人们曾以为声速是飞机飞行速度不可逾越的障碍，这就是声障的由来。

但当飞机飞行的速度超过声速时，飞机前面的空气因来不及躲避而被紧密地压缩在一起，产生极大的压力，在飞机前端形成一股圆锥形的声锥，这个声锥就是激波，如图 2.2.13 所示。如果机身不作特殊加固处理，会被瞬间摇成碎片，激波后面，空气因为被压缩，使压强突然升高，阻止了飞机的进一步加速，并可能使机翼和尾翼剧烈震颤。

图 2.2.13　激波

当飞机突破声障之后，整个世界都安静了，一切声音全被抛在了身后。飞机周边白色的水汽是在突破声障的一瞬间由空气气流的不均衡搅动产生的。

飞机以超声速飞行时，其前方会产生持续稳定的压力波。当飞机朝向地面观察者飞来时，观察者不会听到声音；当飞机飞过并开始远离观察者时，所产生的声波向地面传来，波间的压力差会形成可听见的效应，也就是声爆。

飞行器速度越快，障碍越多，声障之后是热障，再后是黑障，最后是光障，从相对论角度来看，任何物体的速度永远无法达到或超过光速。

2. 热障

热障指飞行器的飞行速度超过一定界限时高速气流引起机体表面温度急剧升高而遇到的障碍，如图 2.2.14 所示。

在晴朗的夜晚，仰望灿烂的星空，有时会看到一颗流星划过天空，稍纵即逝。流星为什么会发光呢？这是因为高速飞行的陨石进入大气层与空气剧烈摩擦，猛烈燃烧而发出光亮。当飞行器完成太空任务返回地球时，飞行器面临着与陨石同样的残酷生存环境。研究表明，当飞行器的飞行速度达到 2 倍声速时，其前端温度会超过 100℃；当飞行器的飞行速度达到 3 倍声速时，其前端温度可达 350℃左右；当飞行速度为 6 倍声速时，可达 1480℃。

图 2.2.14　热障

飞行器的飞行速度越高，加热越严重，导致机体材料结构强度减弱，刚度降低，使飞机外形受到破坏，甚至发生灾难性的震颤。一般认为，飞机出现热障的速度在 2.5 倍声速以上。为了突破热障，人们可在飞行器的前端添加耐高温的涂层。对于超高速的飞行器，也可以在飞行器前端涂上烧蚀材料，利用这些材料在高温时熔化、汽化可以吸热的原理，把摩擦产生的热量消耗在烧蚀材料的熔化、汽化、升华等一系列物理和化学变化中，实现给飞行器降温的目的。像弹道导弹、宇宙飞船、返回式卫星等低升力的飞行器从太空再入大气层时均采用这种方法。

3. 黑障

在卫星、航天飞船、洲际导弹等空间飞行器以很高的速度再入大气层返回地球的过程中，当飞行高度在地球上空 35～80km 的大气层间，飞行器的外部达到 2000℃的高温，高温使飞船周围的空气电离形成等离子体（我们看到的火光），等离子体屏蔽了一切电磁波信号，此时飞行器与地面通信中断并持续 4～7min，这就是黑障，如图 2.2.15 所示。黑障隔绝了航天器和外界的通信，导致航天器无法及时将信息传输到地面控制中心。随着飞行器高度的下降，当速度降低到一定程度时，不再有足够的温度使气体分子电离，黑障就会消失。

图 2.2.15　黑障

4. 光障

相对论指出，宇宙中物质的运动速度都不能超过光速，当粒子被加速到接近光速时其消耗的能量将急剧增大，如果加速到光速那就需要无穷大的能量，这是我们目前还克服不了的难题。相对论所说的极为接近光速运动的物体不能越过光速这个屏障，我们称之为光障。

光障是现在人类要进行远太空旅行必须突破的重要困难。就像当年的音障一样。要突破光速就是科学界的又一发现，这与狭义相对论相矛盾。还要发明比光速更快的新型飞行器、新的发动机以及新型的更清洁的燃料。

2.3 "幸运鸟"手掷回旋飞机模型

"幸运鸟"手掷回旋飞机模型的翼展为 21.5cm，机长为 20cm，如图 2.3.1 所示，当模型手掷飞出后，可在空中盘旋一圈后重新回到手中。

2.3.1　模型制作

器材: "幸运鸟"手掷回旋飞机模型、双面胶、透明胶带。

图 2.3.1　"幸运鸟"手掷回旋飞机模型

在配重环的正反面上贴上双面胶，然后将配重环粘贴到模型的头部，捏紧并粘合，如图 2.3.2 所示。

图 2.3.2 粘贴配重环

将机翼的翼根后缘部位插入机身卡槽内，如图 2.3.3 所示。然后将机头固定机翼的卡槽向外翻折，轻轻下压机翼前缘，直至机翼完全进入卡槽，然后向内翻折卡槽以固定机翼。由于机翼的整个卡槽是凸起的，这个凸起结构正好支撑着翼面形成曲面，达到设计翼型的目的。将机身尾部的水平尾翼沿折痕向左右翻折 90°，保留水平尾翼后面的 V 形垂直尾翼不折叠。

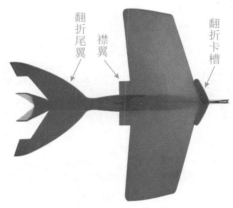

图 2.3.3 安装机翼

由于多次飞行可能会导致襟翼和水平尾翼变得不牢固，可使用透明胶带对飞机模型进行加强，对模型的易损部位进行加固，对已破损的部位进行粘合。

在不影响模型飞行的前提下，可以按自己的喜好在模型上粘贴一些图案，如图 2.3.4 所示，粘贴图案时不要出现褶皱，以免影响模型的飞行性能。可以在模型结构较薄弱的地方进行粘贴，在美化的同时还可以起到加固的作用。

检查模型（每一次放飞前都需要对模型进行检查）。检查机翼、配重环等部件是否安装正确和牢固，不可出现松动现象。将模型头部正对着自己，正视模型，如图 2.3.5 所示，观察模型的左右是否对称。调整水平尾翼，使水平尾翼接近水平，并保持左右对称。

飞行中，若模型发生撞击，模型头部容易变形，可用手进行调整，让变形的头部恢复原来的样子，必要时可使用透明胶带加强。

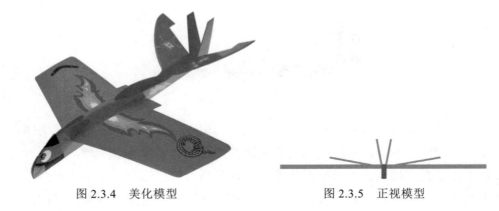

图 2.3.4　美化模型　　　　　　　　图 2.3.5　正视模型

2.3.2　模型放飞

1. 手掷试飞

手持模型，然后将模型水平掷出，如图 2.3.6 所示，逐渐增大手掷的力量，观察模型的飞行姿态。

图 2.3.6　手掷回旋飞机模型

随着手掷力量的增加，模型的升力增加，模型抬头越来越高，如图 2.3.7 所示，最后出现回旋飞行，这种飞行轨迹也称为筋斗飞行，属于特技飞行的一种。

调整模型的襟翼，将机翼两侧的襟翼逐渐向下偏折，用较大的力量将模型水平掷出，模型会在空中实现回旋飞行，观察圆形轨迹有什么变化。

使用较大的手掷力量，并将襟翼大

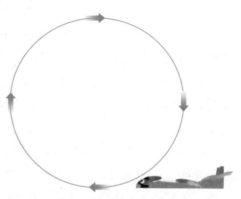

图 2.3.7　模型的回旋飞行轨迹

幅度下调，可有效提高模型的升力，容易让模型产生抬头飞行的趋势，回旋半径变小，更容易实现回旋飞行的效果。有的手掷回旋飞机模型没有襟翼，可通过上调升降舵实现回旋飞行。

2. 手掷回旋飞行

将机翼两侧的襟翼向下偏折，然后用手指捏住回旋飞机模型的头部，如图 2.3.8 所示，让模型的腹部朝向自己，用力将模型向上或沿着右侧斜向上掷出，实现模型的回旋飞行；也可以将模型向任意方向用力掷出，尝试用手接住回旋的模型，如图 2.3.9 所示。

站立位置

图 2.3.8　竖直面回旋

图 2.3.9　沿身体的右上方掷出

⊙　**试一试**

在一个直径 2m 的圆圈内，以任意角度用力掷出模型，如向左、向右、斜向上或竖直向上，等等，让模型成功回旋并用手轻轻接住，以 1min 时间为限，记录成功飞行的次数。

2.3.3　拓展阅读——特技飞行

特技飞行是指特技表演飞机在三轴空间中，沿着纵轴、横轴和立轴在短时间内做综合旋转动作，常见特技飞行的动作有平飞加速、跃升、俯冲、筋斗、倒飞、眼镜蛇机动、落叶飘、J- 转弯、殷麦曼翻转，等等。特技飞行最突出的特点是在不同的特技动作中飞机飞行的状态、高度、速度、方向和过载等参数急剧变化。飞机状态改变的范围越大，改变相同飞行状态所需的时间越短，飞机的机动性能就越好。

1."眼镜蛇"机动

"眼镜蛇"机动是一种过失速机动动作,机动过程中飞行员快速向后拉杆使机头上仰至110°～120°,然后推杆压机头,再恢复到原来的水平状态,如图2.3.10所示。机动时飞机进入的速度约为425km/h,然后迅速减到110km/h,在整个机动过程中,飞机的飞行高度几乎没有什么变化。飞行员在完成这一动作时,要在克服超强过载压力的同时,从仰角30°到仰角120°,都必须控制飞机保持平衡,避免进入尾旋等失速状态,因此,要求飞行员必须具备高超的技术。

图 2.3.10 "眼镜蛇"机动

2."落叶飘"机动

"落叶飘"机动是一种几乎无半径的转弯机动,飞行中的战斗机就像一片树叶从空中旋转飘落,如图2.3.11所示。飞机爬升到一定高度后瞬间进入"失速"状态急转直下,由于飞机拥有优良的气动布局和推力矢量技术,飞机在螺旋下

图 2.3.11 "落叶飘"机动

降的过程中完全处于可控状态，在极小的半径内，进行多次 360°旋转，然后改出"失速"状态实现平飞，犹如秋天的落叶随风飘零。这种飞行动作既考验发动机推力的矢量性能，也非常考验飞行员的高超技艺。

值得一提的是，"落叶飘"机动不同于传统的战机倾斜转弯的方式，因为"落叶飘"机动在转弯过程中能量损失不大，飞机还在保持着超强的可控性机动。

3. "J-转弯"机动

"J-转弯"是在短短几秒内迅速完成 180°的偏航转弯机动的飞行动作，如图 2.3.12 所示，飞机转弯半径极小且转弯速度极快，有点像赛车 180°转弯产生的"漂移动作"。在"J-转弯"的过程中，飞机的速度和高度损失较小，却能得到 180°的可控转向。

图 2.3.12　"J-转弯"机动

然而喷气式飞机完成"J-转弯"的动作难度非常大，这主要是因为该动作需要飞机在高迎角和高侧滑角的极端情况下依然维持在偏航、滚转方向上的操控性和稳定性，而通常气动舵面在这样的极端情况下早已经丧失气动效能，难以完成有效的操控，甚至很可能陷入失速尾旋难以改出。此时如果给发动机引入推力矢量技术，飞机能够在气动舵面作用力之外获取第二种控制力，那么就能大大改善极端情况下的操稳性能。

给歼 10 战斗机安装全向推力矢量喷管之后，在俯仰、滚转和偏航方向上都能够借助尾喷管偏转带来的强大力矩，从而克服气动上的限制，做出十分剧烈的"J-转弯"。

2.4 "天鹰"手掷飞机模型

"天鹰"手掷飞机模型属于滑翔机,翼展为41cm,机长为38cm,如图2.4.1所示,总质量约为16g,机翼有上反角,模型重心可通过翼台的前后移动来调整,有着良好的滑翔性能。

图2.4.1 "天鹰"手掷飞机模型

2.4.1 模型制作

器材: "天鹰"手掷飞机模型、卷尺、量角器、刻度尺、双面胶、重心测量支架、摄像设备。

1. 安装翼台和配重机头

从杆身的一端插入翼台,需要注意的是翼台有前后,翼台高的一端在前,低的一端在后,如图2.4.2所示,翼台距离机身的前端为6cm,然后在杆身的前端插上配重机头。

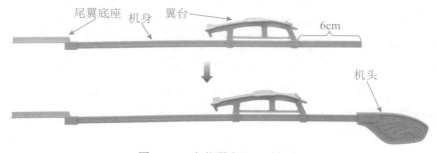

图2.4.2 安装翼台和配重机头

2. 翼型设计

将左右两个机翼分别沿压痕轻轻弯折一定的角度，如图 2.4.3 所示，也可以参见 3.3 节的内容对翼型进行精细设计。翼型设计是非常重要的一步，必须精细制作，同时还要保持左右机翼的对称。在翼型设计之前，需要仔细检查机翼是否平整，若不平整或发生扭曲，可通过外力轻轻反向弯曲，直至机翼平整为止；也可将机翼紧紧夹在两个平面之间，过一段时间取出即可。

图 2.4.3　翼型设计（机翼截面）

3. 安装尾翼（水平尾翼和垂直尾翼）

在尾翼底座的左侧和底部分别贴上长条形双面胶，然后把平整的水平尾翼和垂直尾翼分别粘贴到相应的位置，如图 2.4.4 所示，并粘贴牢固，需要注意尾翼的各个舵面均在尾翼的后方。最后将制作完成的尾翼安装到杆身的后端，至此，一架模型制作完成。

图 2.4.4　安装尾翼

4. 安装机翼

先在翼台上粘贴双面胶，然后将左侧（或右侧）机翼沿翼台弧面紧贴到翼台的左半边，再将另一侧机翼用同样的方法粘贴到翼台的右半边，如图 2.4.5 所示，左右机翼的中间尽量不要留有缝隙，这样可以让制作的模型拥有较大的上反角，最后用手按压粘贴部位，使机翼粘贴牢固。

图 2.4.5　粘贴机翼

5. 模型检查（每一次放飞前都需要进行检查）

检查模型的各部分是否安装牢固，不可出现松动现象，将模型的头部正对着自己，观察模型的左右是否对称，如图 2.4.6 所示。尾翼（相对机翼）不可倾斜。水平尾翼与垂直尾翼要互相垂直，并保证方向舵和升降舵的舵角为 0°。

图 2.4.6　检视模型

若模型的某个部位出现松动或晃动的情况，需使用双面胶或纸片等方法使其固定，否则可能会严重影响模型的飞行性能。

2.4.2　寻找模型的重心

模型的重心一般在机翼与机身连接处的下方附近。模型重心的前后分布影响着模型的俯仰稳定性，俯仰稳定性决定着模型在飞行中受到气流干扰时能否自动恢复俯仰平衡。

可通过支撑法寻找模型的重心，用两个手指尖分别支撑在左右机翼下方的位置，通过前后调整两手指尖的位置，直到模型能够在指尖上保持水平平衡，这时候指尖前后的位置即为模型前后重心的位置。

为了更精确地调整模型的重心，可以设计制作一个简易的模型重心测量支架，也可通过各种板材来制作支架，如图 2.4.7 所示，然后将模型的机翼轻轻置于重心测量支架上方，通过前后移动模型的位置，让模型在支架上以水平的姿态保持平衡，通过这种方法可以比较准确地测量出重心在模型上的前后位置，如图 2.4.8 所示。"天鹰"手掷飞机模型的重心在距离机翼前缘约 30% 的位置。

图 2.4.7　模型重心测量支架　　　　　图 2.4.8　测量模型的重心

　　找到模型的重心后，用笔在机身处做标记，并记录翼台到机身前端的距离。再进行多次手掷试飞，从多次的放飞经验可以得出，当飞机翼台距离前端 6cm 时，模型的滑翔性能最佳。

　　"天鹰"手掷飞机模型可调整的部分有重心、升降舵和方向舵，为了让模型拥有较好的滑翔性能，在试飞调整的过程中，应尽可能减少对副翼、升降舵和方向舵的调整，因为这些部位的调整会降低模型的空气动力学性能，增大模型飞行的阻力，对提高模型的滑翔时间和距离是不利的。为此，在尽可能不调整方向舵和升降舵的情况下，只调整模型的重心来实现模型的稳定滑翔。模型设计时尽可能保证飞机机翼和尾翼的左右对称，从而减少对方向舵的调整，让模型更容易保持飞行方向。

2.4.3　手掷试飞探究

　　手掷试飞最好选择无风环境，可以是室内，也可以是户外无风或微风的空旷平坦的场地，将"天鹰"手掷飞机模型的翼台移动至最佳的滑翔位置（翼台距离飞机前端 6cm），手持模型机翼下方的机身位置，将模型高举过头顶，保持左右水平，模型头部略微低头 5°～10°，如图 2.4.9 所示，然后以接近模型滑翔的速度将其向前方掷出，观察模型的飞行姿态，手掷速度的把控能力可通过多次练习来提高。

图 2.4.9　手掷试飞

1. 模型的偏航调试

如果模型向左（右）偏转飞行，将模型的方向舵微微向右（左）偏移，反复调试，直至模型能够保持固定方向向前飞行。

2. 手掷试飞

手持模型，模型略微低头 5° ～ 10°，以接近模型的滑翔角将其以不同的速度掷出，探究手掷速度对模型飞行的影响，逐渐增大模型的手掷速度，观察模型的飞行姿态。

当手掷速度小于模型自由滑翔的速度时，模型出手后，升力较小，模型头部下沉，加速冲向地面，飞行轨迹如图 2.4.10 所示，在模型向下飞行的过程中，速度逐渐增加，升力也不断增加，这时候模型开始逐渐抬头并趋于正常的滑翔。

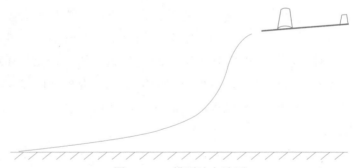

图 2.4.10　模型冲向地面

当手掷速度接近模型自由滑翔的速度时，模型出手后，其升力接近（或等于）重力，模型基本保持出手时的飞行姿态，缓缓沿直线滑翔至地面，飞行轨迹如图 2.4.11 所示。

当手掷速度明显大于模型的滑翔速度时，模型出手后，其升力大于重力，模型先抬头向上飞，但飞行速度逐渐下降，并抬头减速后低头俯冲，飞行轨迹如图 2.4.12 所示。

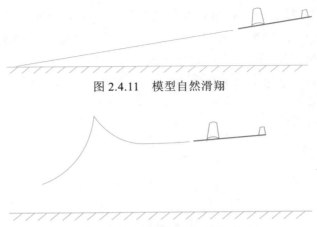

图 2.4.11　模型自然滑翔

图 2.4.12　模型先抬头后俯冲

　　手掷试飞的要领是充分掌握手持模型的姿势、角度和速度，尤其是手掷模型的速度需要通过多次练习才能掌握，并且不同的模型，手掷速度可能不同。

　　当遇到有风天气时，模型应迎风飞行，这时候手掷速度需要适当减小，风速越大，手掷速度越小。若要探究顺风飞行，为了让模型能够正常滑翔，手掷模型时需要适当增大一点速度。

2.4.4　探究重心对模型飞行的影响

　　将飞机翼台调整到距离模型前端6cm的位置，并通过手掷微调翼台的位置，直至模型能够沿直线缓慢滑翔，然后向前或向后移动翼台的位置，观察模型的飞行姿态和轨迹。

　　相对于最佳滑翔的翼台位置，模型的升力中心与重心几乎重合，如图 2.4.13 所示，模型以接近自由滑翔的速度掷出后即可以正常的滑翔姿态飞行，如图 2.4.11 所示。

图 2.4.13　升力中心与重心几乎重合

将翼台前移，模型的重心相对于升力中心发生后移，即升力在前，重心在后，这时模型就像一个跷跷板，如图2.4.14所示，升力拉着模型的头部向上，重力拉着模型的尾部向下，从而导致模型不断抬头上飞，速度逐渐下降，然后又低头俯冲，俯冲又会使得模型的速度增加，模型再次抬头上飞，周而复始，出现所谓的波状飞行，如图2.4.15所示。

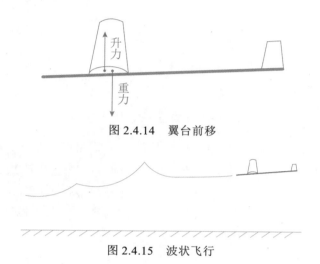

图 2.4.14　翼台前移

图 2.4.15　波状飞行

将翼台后移，模型的重心移到了升力中心的前方，即升力在后，重心在前，如图2.4.16所示。在飞行时，重力拉着模型的头部向下，升力拉着模型的尾部向上，从而导致模型不断向下飞行，加速模型的下滑，直至坠地，如图2.4.17所示。

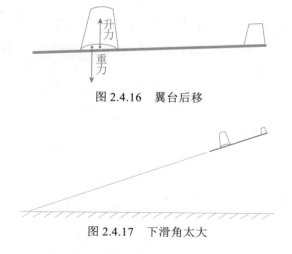

图 2.4.16　翼台后移

图 2.4.17　下滑角太大

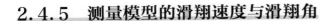

2.4.5　测量模型的滑翔速度与滑翔角

将模型调整到最佳的滑翔状态，在无风环境下，高举模型，同时测量模型至地面的高度 H。使用摄像设备拍摄模型整个手掷滑翔的过程。然后用卷尺测量从模型出手到触地的水平距离 L。如图 2.4.18 所示。

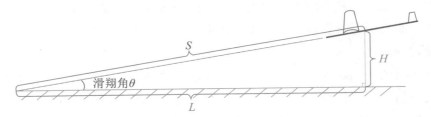

图 2.4.18　距离的测量

根据勾股定理可得

$$L^2 + H^2 = S^2$$

根据上式，可计算出模型滑翔的距离 S，再次通过视频中模型滑翔的时间 T，根据速度公式

$$V = \frac{S}{T}$$

可计算出模型的滑翔速度 V。

根据三角函数，模型的滑翔角 θ 与 H 和 S 的关系为

$$\sin\theta = \frac{H}{S}$$

$$\theta = \arcsin\frac{H}{S}$$

运用计算器可算出滑翔角 θ 的大小。

观察与发现

正常滑翔的模型在非常接近地面时，滑翔角减小，模型贴近地面还会继续滑行一小段距离再触地，这是为什么？

⊙　**试一试**

将模型的翼台适当前移，并将升降舵向上偏折，用力将模型水平掷出，模型将在空中画出一个竖直的圆，实现筋斗飞行。比一比，在一次手掷放飞中，谁的模型在空中连续飞行的筋斗多。通过翼台的移动和升降舵的偏移，结合手掷的力量和技巧，让模型一次飞行中做出更多的筋斗。还可以将模型横着向右侧掷出实现回旋飞行，可参考 2.3 节。

2.4.6　手掷竞距飞行

手掷竞距飞行是利用手掷时模型的高度和速度，让模型在空中滑翔一定的距离。竞距飞行通常会设有飞行重量的上限，一般来说，重量大的模型更容易飞出更远的距离，这是因为太轻的模型掷出后，飞行速度会迅速减慢，所以可在手掷模型的头部添加合适的配重。若要进一步提高飞行距离，即需要减小模型的飞行阻力，让模型的表面尽可能光滑；提高模型的制作精度，让模型左右对称；提高模型的方向稳定性，让模型保持直线飞行，不易发生偏航；还需要增强模型的俯仰稳定性，让模型抬头时不易失速。

在之前的试飞调试中，要求手持模型以接近滑翔的速度将其掷出，然后模型开始自然滑翔并飞出一段距离，这种方法难以让模型飞出较远的距离。为了增加模型的飞行距离，可以将模型的升降舵微微下调，手掷模型的速度稍大于自然滑翔的速度。将模型水平掷出，模型先是直线平飞，或者以小角度爬升一段距离，然后平稳地转入自然滑翔。采用这种飞行方法可以提高手掷飞行的距离，但需要手掷者熟练掌握手掷的速度和技巧。

为了进一步提高模型的飞行距离，可以将模型的翼台适当后移（或在模型的头部进行配重），让模型的重心靠前，手持模型水平或稍稍抬头，以非常大的速度将其掷出。理想的飞行姿态是模型出手后以很小的角度直线爬升，然后转为下滑着陆。采用这种方法可以让模型飞出很远的距离，但是这种方法需要模型有足够的强度，制作调整精确、不易变形，翼台后移的位置恰当（或机头配重合理），同时还需要手掷者手臂有力、放飞经验丰富、出手手感极佳。

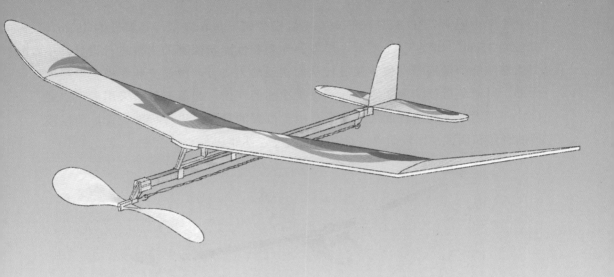

第 3 章

橡筋动力飞机模型

　　橡筋动力飞机模型的动力来源于橡筋，橡筋存储能量后可提供约 15s 的动力，模型结构简单，但有着很多种设计和改进，而每一种设计和改进都包含太多的空气动力学知识，这也就是橡筋动力飞机模型最迷人的地方。每当看到经过多次改进和调试的模型扶摇直上，翱翔于蓝天，久久才飘落至地面，总令人欣喜万分、激动不已。

3.1 "空中巴士"3D舱身橡筋动力飞机模型——盘旋飞行

"空中巴士"3D舱身橡筋动力飞机模型属于仿真模型，其翼展为48cm，机长为35cm，如图3.1.1所示，模型的外观和性能参照真的飞机进行设计，模型依靠缠绕的橡筋带动螺旋桨旋转从而实现动力飞行，橡筋安装在模型舱身的内部，可避免橡筋沾染灰尘，起到保护橡筋的作用，起落架装置采用后三点式设计，可满足地面滑行起飞的需要，由于机翼的翼型已进行标准设计，所以模型的制作和调试都比较简单，且有很好的飞行性能。

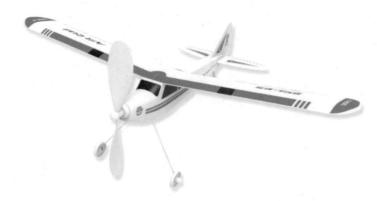

图3.1.1 "空中巴士"3D舱身橡筋动力飞机模型

3.1.1 模型制作

器材： "空中巴士"3D舱身橡筋动力飞机模型、透明胶带、钳子。

1. 系橡筋结

取出橡筋，将橡筋的两端对齐并系上橡筋结，如图3.1.2所示，需要注意的是，橡筋结需系紧，且橡筋结多余部分的长度尽量控制在0.5～1cm，不超过1cm，否则，多余部分的橡筋过长，不仅会造成橡筋动力的浪费，而且还会导致安装到模型里的橡筋初始拉伸偏紧，使得模型在放飞时动力过大，不利于模型的动力爬升。在手接触橡筋的过程中，还要避免橡筋与指甲及其他尖锐物品的接触，防止割伤橡筋。

图 3.1.2　系橡筋结

2. 安装橡筋

"空中巴士" 3D 舱身橡筋动力飞机模型采用截面为 "1 mm×3 mm" 的橡筋，橡筋质量约为 2.6g，将橡筋均匀缠绕成两圈（图 3.1.3 中 1），然后用插销把橡筋固定在模型机身的底部（图 3.1.3 中 2），调整橡筋结至模型的尾部，再利用白色扎丝从机身头部穿入，然后从机身尾部穿出，用尾部的扎丝把橡筋扎紧（图 3.1.3 中 3）。最后，拉动扎丝的另一端（图 3.1.3 中 4），将橡筋从机头拉出并套入螺旋桨组件上的金属钩内（图 3.1.3 中 5），考虑到橡筋可能有点松，必要时可用钳子将螺旋桨上的金属钩夹紧，将橡筋封在钩内，避免橡筋从金属钩内滑出。

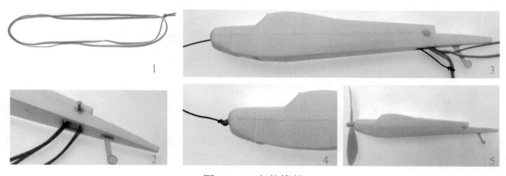

图 3.1.3　安装橡筋

在动力释放的过程中，橡筋结会随着橡筋一起旋转，由于橡筋结一般会留出一定长度的橡筋头，橡筋头在旋转时容易与机身接触，从而影响橡筋动力的释放，为了让这个影响降低到最小，所以将橡筋结置于机身的最后方。

3. 安装尾翼

把加强贴片粘贴到水平尾翼的背面，如图 3.1.4 所示，再使用双面胶将垂直尾翼粘贴到水平尾翼上。

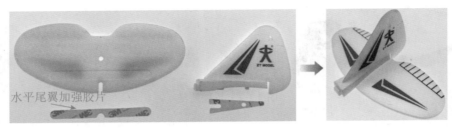

图 3.1.4　安装尾翼

4. 安装机翼

"空中巴士" 3D 舱身橡筋动力飞机模型已经具有翼型，接下来只需要将机翼安装到机身上。将两个加强胶片分别粘贴到机翼的背面，如图 3.1.5 所示。

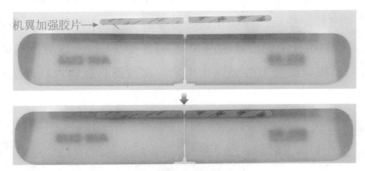

图 3.1.5　机翼背面粘贴加强胶片

5. 安装起落架

将起落架安装到模型的下方，如图 3.1.6 所示，并在机身翼台和机身尾部分别粘贴相应的胶片。

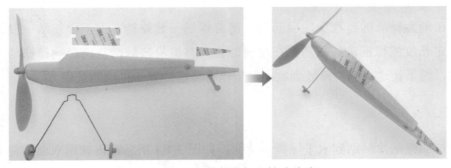

图 3.1.6　安装起落架和粘贴胶片

6. 粘贴机翼和尾翼

将机翼粘贴到机身翼台位置，再将尾翼粘贴到机身的尾部，如图 3.1.7 所示。粘贴过程中要精细，不能出现偏差，粘贴后要适当施压加固。

图 3.1.7　粘贴机翼和尾翼

7. 模型检查（每一次放飞前都需要进行检查）

将模型的头部正对着自己，正视模型，如图 3.1.8 所示，观察模型的左右是否对称，机翼是否扭曲。水平尾翼与垂直尾翼垂直，尾翼相对机翼不可倾斜。通常会出现的不正常情况有垂直尾翼偏斜、主机翼扭曲、主机翼无上反角、尾翼相对机翼发生倾斜，等等，如图 3.1.9 所示。

检查模型的机翼、水平尾翼、垂直尾翼、起落架等部分是否安装牢固，不可出现松动现象。

检查模型的螺旋桨旋转时是否有"开花"现象。新的模型在试飞前螺旋桨一般无"开花"现象，通常当螺旋桨受到撞击时，会让螺旋桨旋转轴发生变形，俗称螺旋桨"开花"，当螺旋桨再次旋转时，从侧面看会出现螺旋桨的重影，存在两个旋转面，同时机身还会出现抖动。为了不影响飞行，需要将螺旋桨金属旋转轴调直或直接更换新的螺旋桨。

图 3.1.8　正视模型

（1）机翼扭曲

（2）垂直尾翼倾斜

（3）尾翼倾斜

（4）机翼无上反角

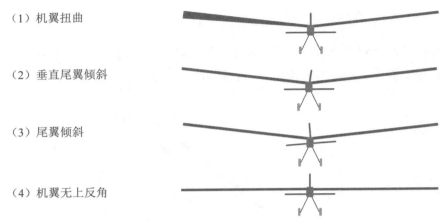

图 3.1.9　模型不正常的情况

观察模型的机翼

　　仔细观察"空中巴士"3D 舱身橡筋动力飞机模型的机翼可以发现，机翼很薄很弯，如图 3.1.10 所示。实际经验证明，对于小型或更小的橡筋动力飞机模型，薄且弯的翼型气动性能非常好，薄且弯的机翼质量小，在保证升力的同时，还大大降低了飞行的阻力，例如鸟儿的翅膀就是薄且弯的。但薄翼的强度弱，所以不适用于翼载荷大的航空模型。

图 3.1.10　"空中巴士"3D 舱身橡筋动力飞机模型的翼型

3.1.2　飞行探究

　　"空中巴士"3D 舱身橡筋动力飞机模型性能非常好，一般来说，只要精细制作，机身对称，都能够正常飞行。

　　探究 1：用右手手指给螺旋桨沿顺时针方向分别缠绕 50 ～ 100 转的动力进行试飞，将模型水平轻轻掷出，通过调整模型的方向舵，让模型向前飞行，飞行过程中无向左或向右的偏航运动，并观察模型的飞行轨迹和姿态。

模型出手后进行小角度爬升，如图 3.1.11 所示，当爬升到一定高度时，橡筋动力释放完毕，模型开始无动力滑翔，直至落回地面。

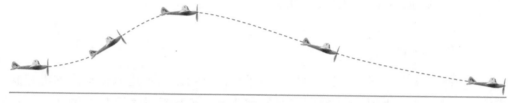

图 3.1.11 小角度爬升与滑翔

探究 2： 给模型的橡筋缠绕 100 转的动力进行手掷试飞，同时添加方向舵的右偏角（或左偏角），观察模型的飞行姿态。改变方向舵右偏的角度，探究模型的姿态、飞行轨迹、高度与方向舵偏角大小的关系。

将模型的方向舵向右偏，模型获得右盘旋飞行，如图 3.1.12 所示，盘旋时的飞行姿态是倾斜的，倾向圆心，随着方向舵右偏角的增大，模型的盘旋半径减小，右机翼的下倾角度也逐渐加大，但模型少有出现大角度爬升至减速低头或拉翻的现象，所以相较于直线飞行，较大半径的右盘旋飞行更有利于模型的改出，有效增强了模型的飞行稳定性，还可以增加模型对气流的适应能力，避免模型出现过大角度爬升至减速低头或拉翻等非正常飞行姿态。

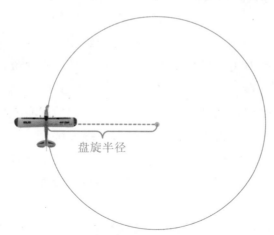

盘旋半径

图 3.1.12 模型的右盘旋飞行轨迹

但是，当方向舵右偏角过大时，模型的盘旋半径进一步减小，右机翼严重向下倾斜，模型将难以爬升到较大的高度，甚至右盘旋下坠。所以在调试模型时，应尽量避免过度调整方向舵，而是微调方向舵，只要模型能够获得右盘旋飞行即可，盘旋半径越大越好。

3.1.3 盘旋飞行原理与调试

1. 盘旋飞行

手掷模型属于无动力飞机模型，即模型离开手之后就进入无动力的滑翔状态，飞行距离短，所以这类模型多是直线飞行；而橡筋动力飞机模型属于有动力飞行的模型，飞行时间长、上升高度高，所以这类模型都采用转弯飞行。模型连续进行转弯称之为盘旋飞行，从模型之上的高空俯瞰，可以看到飞行轨迹是圆形，圆的半径就是模型的盘旋半径，如图 3.1.4 所示。

盘旋飞行可以使模型尽可能长时间保持在地面放飞者的视线之内，让模型尽可能在起飞点的上方盘旋，避免模型飞远飞丢。如果模型恰好在上升气流中飞行，盘旋飞行可以让模型长时间待在上升气流中，增加飞行时间。

盘旋飞行还能够提高模型对各种气流的适应能力，当模型受到外界干扰致迎角发生改变时，盘旋半径也会随之发生变化，从而避免模型进入波状飞行的状态。而直线飞行的模型，稍遇到不稳定的气流就会出现波状飞行，甚至久久不能改出，致使飞行状态越来越糟。

2. 右盘旋飞行

如果一架橡筋动力飞机模型做工十分精细，且左右对称，但由于螺旋桨旋转的影响，在动力飞行时也会发生转弯现象。大多数橡筋动力飞机模型采用的是右旋螺旋桨，即模型在动力飞行时，从飞行员的角度看是顺时针旋转（本书带有螺旋桨的各种橡筋动力飞机模型都是右旋螺旋桨）。螺旋桨在橡筋作用下顺时针旋转产生反扭力，从而使机翼向左倾斜，这会造成模型左盘旋。尤其在放飞起初的爬升阶段，橡筋动力非常大，导致螺旋桨转得很快，产生的反扭力大，使得模型左倾明显，左转趋势就越大。

为此，对于右旋螺旋桨的橡筋动力飞机模型，通常采用右盘旋飞行的方式，右盘旋飞行是最安全、最容易调整、采用最广的飞行方法，若采用左盘旋的飞行方式会加剧左翼向下倾斜，不利于模型的爬升，容易出现盘旋下坠。

右盘旋飞行还可以有效缓解波状飞行和拉翻现象，有的橡筋动力飞机模型在直线飞行过程中，若手掷力量、橡筋动力或逆风的风速过大，模型很容易出现因过大角度爬升导致减速低头（图 3.1.13）或拉翻（图 3.1.14）的现象，若将模型通过调整改为盘旋飞行，可有效地避免模型出现过大角度爬升的现象，所以，采用盘旋飞行可以让模型拥有更好的稳定飞行的能力。

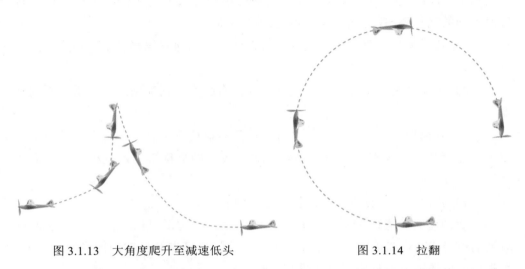

图 3.1.13　大角度爬升至减速低头　　　　　　图 3.1.14　拉翻

　　假设有一架模型正在进行 60°的大角度爬升，如果模型绕着竖轴顺时针旋转 90°，如图 3.1.15 所示，那么纵轴就会变成水平位置，这时候可以看到原来以 60°爬升的模型现在变为水平飞行，模型的爬升角变小了。所以为了缓解模型的拉翻，可以将模型的方向舵微微向右偏，从而保证模型在大动力爬升时可以保持合适的爬升角。当然，如果方向舵右偏得太小，则模型不足以克服拉翻；倘若方向舵右偏太大，右机翼过度倾斜，则容易出现模型右盘旋不上升，甚至右盘旋下坠。

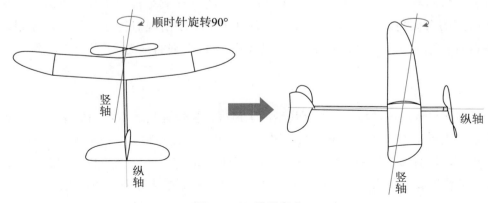

图 3.1.15　模型爬升

3. 右盘旋飞行的调试方法

检查模型，在一切都正常的情况下，选择无风环境，将方向舵向右调整微小的角度，添加 50 ～ 100 转的橡筋动力进行小动力试飞，观察模型的飞行姿态，针对不同的飞行姿态，按照以下的方法进行调整。

（1）若模型仍几乎以直线飞行，将方向舵再次向右偏移微小的角度，直至盘旋飞行。

（2）若模型是大半径右盘旋飞行，并伴有爬升，则模型飞行正常，不调整舵面。

（3）若模型是小半径右盘旋飞行，或是右盘旋不上升，或是右盘旋下坠，将方向舵适当向左调整，直到模型盘旋时有较大的盘旋半径，且机翼无明显的右倾。

（4）若模型是左盘旋飞行，将方向舵向右偏移。

每次调整时，方向舵只能偏转微小的角度，通过反复试飞，让模型能够以较大的半径进行右盘旋飞行，右翼无下倾，调试中，不易将方向舵向右偏转过大，否则可能导致模型右盘旋不上升或右盘旋下坠。

3.1.4 模型放飞

1. 手掷滑翔试飞

选择无风环境，在无方向舵偏角和无橡筋动力的情况下，将模型进行手掷试飞，手掷试飞"空中巴士"3D 舱身橡筋动力飞机模型的重点在于检查模型是否能够做右转弯飞行，若手掷后模型出现直线飞行或左转弯飞行，可适当添加方向舵的右偏角，通过多次手掷试飞直到模型刚刚出现右转弯飞行；若模型能够做右转弯飞行，此时方向舵可不调整，准备接下来的试飞。

2. 小动力试飞

在无风或微风环境下，行至场地的上风区，将螺旋桨绕 50 ～ 100 转，右手捏住模型机翼下方（飞机）重心的位置，左手捏住螺旋桨桨尖，高举模型，保持左右水平，机身微微抬头 5°～ 10°，正对风向（逆风）。先左手松开螺旋桨，让螺旋桨快速旋转起来，紧接着将模型掷出，观察模型的飞行姿态和轨迹。

通过多次放飞经验的积累，准确把握每次的手掷力量，提高手掷的水平，若手掷力量偏大，模型会明显地先大角度抬头爬升，随之减速低头下冲，飞行一段距离后再逐渐恢复小角度爬升；若手掷力量太大，可能会导致模型以过大的角度爬升至减速低头或拉翻，甚至会折断机翼，不利于模型的正常飞行。若手掷力量偏小，模型会下降一点然后再爬升。

一般情况下，模型经过若干次的小动力试飞，可达到比较理想的飞行状态，即模型先右盘旋上升，当动力快要释放结束时，模型获得了较大的高度，然后开始右盘旋滑翔至地面，无动力滑翔过程中模型的飞行高度下降缓慢。

小动力试飞更接近模型有动力飞行的真实状态，以正确的手掷方式放飞，小动力飞行的非正常状态有：过大角度爬升至减速低头、半拉翻、拉翻、右盘旋不上升、右机翼下倾明显、盘旋半径小、右盘旋下坠、直线飞行、波状飞行等。其调整方法如下。

先检查并确保模型各部分制作正确、机翼无扭曲、对称性良好，过大角度爬升至失速、拉翻和直线飞行通常都是由于模型没有右转趋势，可适当增加右舵，即可得以改善；右盘旋不上升、机翼右倾明显、盘旋半径小和右盘旋下坠通常都是因为右转趋势过大造成的，其最简单的调整方法是逐渐将方向舵向左偏移，通过多次试飞，直到模型能够以较大的半径盘旋上升飞行。

模型的波状飞行往往发生在滑翔阶段，波状飞行反映模型的俯仰稳定性，由于模型自身的俯仰稳定性不足，或是受到气流干扰时，模型会出现波状飞行，并难以恢复。如果波状飞行不是很明显，几乎不影响飞行，可不用调整；如果波状起伏过大，可适当将升降舵下调（对于翼台可移动的模型，将翼台适当向后移），直到模型能够平稳滑翔。

3. 大动力飞行

小动力成功试飞后，模型即可进入大动力飞行，将模型的橡筋缠绕 100 转以上、飞机抬头约 30° 进行手掷放飞，模型的正常飞行状态为：模型先以大爬升角右盘旋上升，随着橡筋动力的释放，模型逐渐进入小角度右盘旋爬升阶段，此后的飞行类似于小动力飞行，当橡筋动力释放完毕后，模型进入右盘旋滑翔阶段。

大动力飞行与小动力飞行的调试方法一致。小动力试飞过程中，由于橡筋动力的释放比较温和，模型比较容易实现正常的右盘旋飞行，而在大动力飞行过程中，模型刚出手时的橡筋动力非常大，极易出现飞行不稳定的现象，大动力飞行会将小动力飞行中出现的小问题放大，所以在小动力飞行时要尽可能将模型调整到最佳的飞行状态，尤其是让模型能够以正常的角度爬升飞行，飞行时机翼几乎无右倾，这是小动力飞行调试的首要目标，否则，模型一进入大动力飞行，极有可能出现右盘旋不上升或右盘旋下坠的现象。

为了进一步提高橡筋的动力性能，在缠绕橡筋动力时可使用一边拉伸一边缠绕的方法，在缠绕的过程中，逐渐缩短拉伸的距离，直至缠绕完毕。采用这种方法可有效提高橡筋的最大缠绕转数。

若模型制作精度高，左右对称性好，一般可省去手掷滑翔试飞，而是直接将模型的方向舵微微偏向右并进行小动力试飞，通过观察飞行姿态和轨迹再对模型进行调整。

观察与发现

观察模型在爬升和滑翔过程中螺旋桨的旋转情况，有什么新发现？这一现象会对模型产生哪些影响？

4. 飞行数据记录

受气流、手掷、动力和自身的影响，模型飞行会出现很多可能性。为了提高飞行水平，可以对每次的飞行进行记录，如表 3.1.1 所示。

表 3.1.1　飞行记录表

模型名称			时间	年　月　日　时
模型编号			飞行场地	
天气			风级/风速	
橡筋动力转数			留空时间	
探究任务				
改进(橡筋/好扭/右拉力线……)				
调试				
飞行描述	手掷方法			
	爬升阶段			
	滑翔阶段			
总结				

3.1.5　拓展阅读——单翼机

在固定翼飞机的大家族里，有着各种各样的大飞机，随着轻型高强度材料的出现，现在最常见的是单翼机。单翼机是只有一副主机翼的固定翼飞机。相对双翼机而言（图 3.1.16），单翼机有着更高的气动效率和更小的飞行阻力。

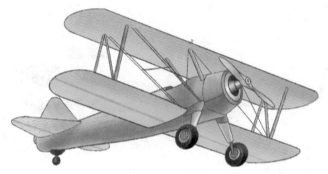

图 3.1.16　双翼机

根据主机翼在竖直方向上的位置，单翼机又分为上单翼、中单翼和下单翼。"空中巴士"3D 舱身橡筋动力飞机采用的就是上单翼设计，上单翼飞机向下的方向没有机翼的遮挡，下方视野开阔，更易观察地面状况，风阻较小，另外，上单翼飞机的机翼离地高度高，机翼下面有足够的空间吊挂发动机，不会轻易地将地面的异物吸入进气道，损坏发动机。所以上单翼飞机有着良好的机场适应能力，甚至可在砂石、草地等简易跑道上的起落。上单翼飞机的设计还能最大程度利用机身空间，减少对机体空间的挤占。大型运输机、轰炸机多采用上单翼设计，我国自行研制的运 20 大型运输机也采用上单翼，如图 3.1.17 所示。

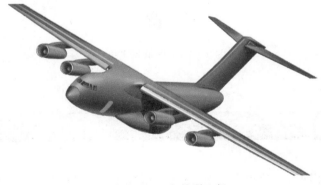

图 3.1.17　上单翼飞机

中单翼飞机是将机翼安装在机身中部的一种设计。中单翼飞机的气动阻力最小，中单翼设计能更好地将机翼和机身一体化，这样能优化飞机的气动外形结构，更有效地提升升力系数和机动能力。机翼直接穿过机身中部，结构受力形式好，便于采用翼身融合体结构。因此，现代战斗机多为中单翼，如图3.1.18所示。缺点是机翼结构穿过机身中部，影响机身空间的利用。

图 3.1.18　中单翼飞机

下单翼设计不占机身空间，机翼强度高，阻力小，升力大，常用于民用客机上，如图3.1.19所示。飞机发动机悬挂在机翼下方，发动机距离地面较近，既方便维护，又能在一定程度上减少噪声对客舱的影响，另外，飞机机翼还可以用来作为紧急撤离时的通道，高效地撤离乘客。

图 3.1.19　下单翼飞机

3.2　橡筋动力——航空发动机

橡筋是一种拥有一定弹性的材料，一根橡筋用力拉伸变长后还能够恢复到原来的长度，可以为航空模型提供动力，例如橡筋弹射或橡筋带动螺旋桨旋转都可以放飞模型，它是一种最简单的"发动机"。橡筋的动力性能受品质、长短、粗细、温度、润滑以及橡筋的安装方式等因素的影响。任意拆开一套橡筋动力飞机模型，小心取出其中的橡筋，对比不同橡筋动力飞机模型里的橡筋可以发现，这些橡筋的长度和粗细各有不同，这是因为不同的模型需要不同的动力，一般来说，模型越大，就需要越长、越粗的橡筋。对于某一根橡筋而言，在不改变其品质、长度和粗细的情况下，如何才能进一步提高橡筋存储的能量呢？

器材： 各种橡筋动力飞机模型的橡筋、进口橡筋、润滑剂（蓖麻油）、中性皂。

3.2.1　橡筋特性

橡筋的主要成分 90% 以上是橡胶，其他的是各种添加剂，橡筋受到外力作用时会变长或扭曲，当外力取消后又能恢复原状，好的橡筋可以拉伸 8 ～ 10 倍，且不会断裂，也不会变形，若在橡筋的弹性限度范围内拉伸橡筋，拉伸橡筋的力与橡筋的伸长量成正比，如图 3.2.1 所示。

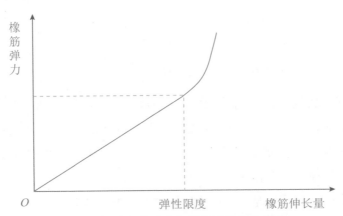

图 3.2.1　橡筋的弹力与橡筋伸长量的关系

在橡筋动力飞机模型的制作中，常常把橡筋编成多股的橡筋束，例如"空中巴士"3D 舱身橡筋动力飞机模型的橡筋束是两圈 4 股（图 3.1.3 中 1），"雷鸟"橡筋动力飞机模型的橡筋束是 4 圈 8 股，（图 3.2.2）。然后再通过螺旋桨对橡筋束进行缠绕，缠绕的转数越多，橡筋绕得越紧，橡筋的动力越大，当橡筋束绕到即将断裂时（未断裂）动力最大，储存的能量最多。

图 3.2.2　"雷鸟"橡筋动力飞机模型的橡筋束

在模型放飞的过程中，橡筋带动螺旋桨旋转，橡筋动力由最大开始逐渐变小，橡筋动力的大小与时间的关系如图 3.2.3 所示。

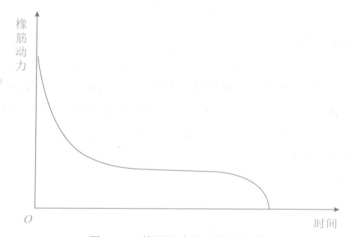

图 3.2.3　橡筋动力与时间的关系

小型橡筋动力飞机模型的最大橡筋动力通常会持续 15s 左右，从图 3.2.3 中可以看出，橡筋动力的释放是先急后缓，尤其在放飞的前几秒，橡筋动力非常大，所以能够充分高效利用这前几秒内的大动力让模型获得更大的高度是制作和放飞橡筋动力飞机模型的关键。

将新的橡筋安装到模型上，以橡筋刚刚被拉直，或略微带一点弧度为最佳，如图 3.2.4 所示。若橡筋偏短，拉得过紧，会限制橡筋的缠绕转数，同时也会导致模型在初始放飞时动力太大，不利于飞行。若橡筋偏长，增加了模型的总质量，虽然会提高橡筋的缠绕转数，降低初始放飞时的动力，但也会整体降低放飞中后期的动力，不利于模型的爬升。

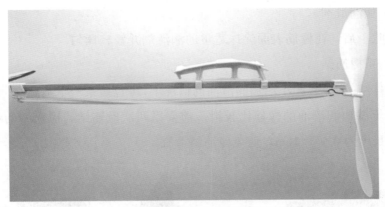

图 3.2.4　安装新的橡筋（橡筋略带弧度）

3.2.2　橡筋润滑

　　橡筋动力飞机模型的橡筋圈一般是多股的，缠绕多圈的橡筋束在动力释放时，橡筋与橡筋之间会发生相互摩擦，产生能量的损耗。为了避免橡筋束黏在一起，减小橡筋与橡筋之间的摩擦，可以给橡筋添加润滑剂。橡筋充分润滑后，在给螺旋桨缠绕动力时，橡筋之间的摩擦减小，橡筋不容易断，同时橡筋束以拉伸变形为主，减小了橡筋的扭转变形，大大提高了橡筋的最大可缠绕转数。常用的润滑剂有蓖麻油、专用润滑剂、甘油或油性大的洗发液，等等。给橡筋添加润滑剂还需要一定的方法，这样才能达到预期的效果，具体润滑方法如下。

　　（1）检查。

　　仔细检查一根橡筋是否完好，可通过拉伸橡筋观察有没有起毛刺，如图 3.2.5 所示。有毛刺的橡筋容易断裂，需要更换完好无毛刺的橡筋。

图 3.2.5　有毛刺的橡筋

　　（2）清洗。

　　新的橡筋表面有滑石粉和灰尘，先用中性肥皂（如婴儿皂）和少量的水轻揉橡筋，然后再用清水将橡筋冲洗干净，放在阴凉处晾干，千万不能晒太阳，也可以使用面巾纸或吸水纸快速去除橡筋上的水分。

（3）加润滑剂。

橡筋晾干后，在橡筋表面涂抹适量的润滑剂并轻轻揉匀。

（4）系橡筋结。

橡筋打结的方法，在不添加润滑油的情况下，可直接系一个基础结，如图 3.2.6 所示。由于添加润滑油的橡筋比较滑，需要系两次橡筋结。橡筋结的结头需要预留橡筋长度为 0.5 ～ 1cm，避免橡筋结滑脱。

基础结　　　　　　　　交叉结　　　　　　　　拉紧橡筋结

图 3.2.6　橡筋系双结

（5）预拉伸。

对橡筋进行 3 ～ 5 次预拉伸，在预拉伸时需要一直拉到拉不动为止（橡筋的弹性极限），再慢慢退回来。也可以将橡筋安装到模型上，通过预绕到最大可绕转数的 70% 来达到预拉伸的效果。为了节省时间，还可以利用预绕橡筋总转数的 70% 对模型进行小动力试飞调试。

在使用橡筋的过程中，一定要保持橡筋干净，不要沾染灰尘和沙粒，在橡筋进行大动力缠绕时，细小的灰尘就像刀一样，会磨损或割断橡筋，所以橡筋脏了一定要再次清洗，然后加润滑剂备用。

在实际的航空模型竞赛中，由于比赛时间短，没有足够的时间来准备橡筋，这时候可以直接对橡筋添加润滑剂并揉匀，然后将橡筋安装到模型上，再预绕到最大动力的 50% ～ 70% 进行试飞，即可以达到预拉伸的效果，同时还可以调试一次模型。

大多数橡筋属于橡胶制品，要避免各种化学溶剂的侵蚀，也要避免太阳光的照射。在太阳的直接照射下，橡筋会很快变脆或出现裂纹，最终会失去弹性。橡筋还比较易受空气氧化，橡筋放置时间过长也会变脆、变硬，甚至出现一拉就断的现象。氧化和阳光照射的作用通常称之为"老化"，所以橡筋在使用和保存的过程中，应注意避光和密封。

3.2.3　橡筋缠绕

1. 拉伸缠绕

为了进一步提高橡筋的最大可绕转数，在缠绕橡筋之前，将橡筋先拉长，然后开始缠绕橡筋，在缠绕过程中逐渐缩短橡筋的长度，直至缠绕完毕。这种方法可以提高橡筋缠绕的均匀度，有效增加橡筋的最大可缠绕转数。

观察缠绕中的橡筋，会发现橡筋的表面出现螺旋线，随着缠绕转数的增加，橡筋上开始出现结子，从第一次出现结子到整个橡筋打满结子的过程称为第一层结，如图 3.2.7 所示，好的橡筋可以绕到三层结而不断。

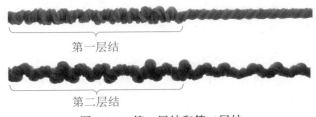

图 3.2.7　第一层结和第二层结

实践中，新的橡筋在初次受到拉伸后会产生一定的残余变形，即释放橡筋所有的转数，橡筋的长度会比原先的长度略微长一些，发生残余变形后的橡筋仍然具有良好的弹性，而且状态也比之前更稳定。由于橡筋变长，最大的可缠绕转数增加，这就是新制作好的橡筋动力飞机模型进行预拉伸或预绕的重要原因。

2. 橡筋最大可缠绕转数

对添加润滑油的橡筋进行断裂测试，将橡筋先拉伸，然后持续进行缠绕，直至橡筋绕断为止，记录橡筋最大的可缠绕转数。

经测试，即使是同一种橡筋动力飞机模型，不同的橡筋，其最大可缠绕转数也不一样，例如"雷鸟"橡筋动力飞机模型的最大可缠绕转数为 400 ～ 600。在初次练习缠绕时应采用手动缠绕，利用右手指快速绕动螺旋桨顺时针旋转，不建议采用绕线器，在手动缠绕的过程中，手指可以逐渐感受到缠绕的阻力变化，当橡筋缠绕接近极限转数时，再继续用力缠绕，橡筋转数很难增加，若再继续大幅度增大缠绕力量，橡筋就会断裂，通过多次缠绕练习，获得缠绕时橡筋动力变化的感觉，可提高对橡筋即将断裂的预判能力，既可以提高橡筋的缠绕转数，又能有效避免橡筋的断裂。

若是单人缠绕橡筋，可借助辅助工具对橡筋进行拉伸缠绕，也可先缠绕一定的转数，然后拉伸收回，这两个动作交替进行，例如，橡筋安装在模型上，用手拉伸橡筋后收回，缠绕动力 60 转；再拉伸橡筋后收回，缠绕动力 50 转……，通过这种方法也可以提高橡筋的最大可缠绕转数，需要注意的是随着缠绕转数的增加，一次拉伸缠绕的转数需要适当减小，橡筋拉伸的长度也要逐渐缩短，避免橡筋断裂。

将已润滑的橡筋缠绕到最大转数，手持模型不放飞，然后松开螺旋桨，通过测量可知，通常已润滑的橡筋在最大缠绕转数下可释放动力的时间为 10～20s。这与模型在实际飞行中的动力释放时间差不多，也就是说，模型的整个爬升阶段也就 10 多秒，而滑翔阶段的时间取决于模型在爬升阶段的最大高度，模型飞得越高，滑翔的时间也就越长。

橡筋也需要休息，橡筋以最大可缠绕转数使用两三次之后就需要"休息一下"，不能连续使用。因为这时候橡筋已经稍有"疲惫"了，并能够发现橡筋明显变长了，橡筋的动力有明显的下降，等橡筋"休息"几天后，动力会有所恢复，但不会恢复到原来的性能，这样的橡筋可用于中小动力的调试试飞中。

橡筋动力飞机模型的比赛通常进行两轮，一根橡筋可以连续使用两次，也可以每次飞行使用一根新的橡筋。其实在第二次飞行中，由于橡筋"略有疲惫"，橡筋的动力释放会缓一些，模型的飞行性能会表现得更稳定一些。

⊙ **试一试**

取 4 根相同的橡筋分为两组，每组两根橡筋，其中一组不添加润滑剂，另一组添加润滑剂，分别对每组的橡筋进行缠绕转数测试，一根橡筋拉伸缠绕，另一根橡筋不拉伸缠绕，直至橡筋断裂，记录每一根橡筋的最大可缠绕转数。

3.2.4 拓展阅读——飞机发动机

手掷是航空模型最简单的动力来源，除此之外，航空模型还可以选用橡筋、电动机、燃油活塞发动机和小型的涡轮喷气发动机等方式来获得动力。当然，这些小小的动力是不足以将一架大飞机推上天空的，而需要选择更大推力的发动力，如图 3.2.8 所示。

图 3.2.8 飞机发动机

飞机发动机是一种高度复杂和精密的热力机械，它是飞机的心脏，直接决定着飞机的动力性能。飞机最早使用的是活塞式发动机，类似于燃油汽车的发动机原理，活塞承载燃气压力，在气缸中进行反复运动，并依据连杆将这种运动转变为曲轴的旋转活动，最后带动螺旋桨旋转产生推力。由于活塞式发动机体积大、质量大，推力有限，人们又发明了喷气推进的发动机——涡轮喷气发动机。

涡轮喷气发动机由进气道、压气机、燃烧室、涡轮和尾喷管组成，如图 3.2.9 所示。空气首先流入发动机的进气道，然后压气机对流入的空气进行压缩，压缩的空气流进燃烧室与燃料混合点燃，燃烧产生的高温高压气体推动涡轮旋转，同时向后高速喷出，涡轮喷气发动机就是利用喷出高速气体的反作用力来获得推力，而涡轮转轴与前部的压气机连接，形成周而复始、连续运转的工作状态。涡轮喷气发动机也存在缺点，在低速时耗油量大，效率较低，使飞机的航程变得很短。

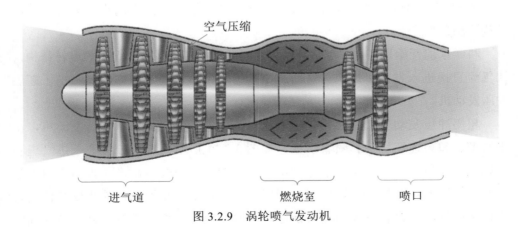

图 3.2.9 涡轮喷气发动机

为了提高喷气发动机的效率，人们在原来涡轮喷气发动机的基础上添加了"风扇"，风扇由涡轮带动旋转，这就是涡轮风扇发动机，简称为"涡扇发动机"，如图 3.2.10 所示。是由喷管喷射出的燃气与风扇排出的空气共同产生反作用推力的燃气涡轮发动机。空气首先流入风扇，经过风扇后的气流分为两部分，一部分空气从内涵道进入压气机，另一部分空气流入外涵道，不经过燃烧而直接排到空气中。风扇有利于飞机在低速下吸入更多的空气，由于涡轮风扇发动机一部分的燃气能量被用来带动前端的风扇，因此降低了排气速度，让燃料得以充分燃烧，提高了推进效率。

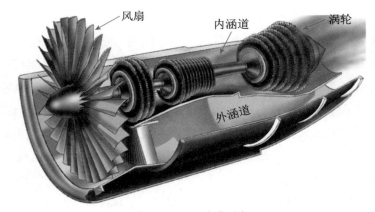

图 3.2.10　涡扇发动机

当前，常规的航空发动机主要有涡轮风扇发动机、涡轮喷气发动机、螺旋桨发动机等，但这些发动机都无法让飞机获得更快的飞行速度，只能让飞机在低于 2 马赫的速度下飞行。主要是因为这些发动机采用了涡轮或风扇等旋转结构，进一步提高发动机推力就会导致旋转结构的转速增加，强大的离心力会将旋转结构"撕碎"。

科学家们开始思考并发现，可以丢弃发动机内部的风扇、涡轮等旋转结构，让气流直接进入发动机燃烧，从而产生推力。顺着这样的方向，研制出了超燃冲压发动机。

超燃冲压发动机是指燃料在超声速气流中进行燃烧的冲压喷气发动机，由进气道、超声速燃烧室和喷管组成，如图 3.2.11 所示。燃料分级喷入进气道和燃烧室，与超声速气流混合进行燃烧，高温燃气从喷管喷出产生推力。由于超声速燃烧中燃料在燃烧室内停留时间极短，要保证完全燃烧，就需要热值高、热稳定性好、能自燃点火和点火延迟期短的高反应速率的燃料，例如液氢或特殊的碳氢燃料等。

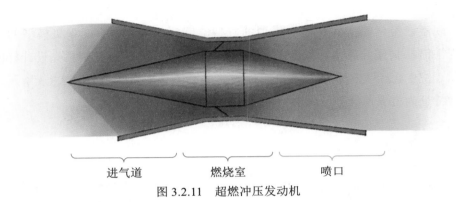

进气道　　　　燃烧室　　　　喷口

图 3.2.11　超燃冲压发动机

超燃冲压发动机技术主要用于高超声速飞行器的推进，推进速度可达马赫数 5 ～ 16，例如高超声速巡航导弹、高超声速飞机和可重复使用的航天运载器都需要采用这样的发动机。

3.3　"警察"舱身橡筋动力滑翔机模型

"警察"舱身橡筋动力滑翔机模型的翼展为 40cm，机身长为 31.5cm，如图 3.3.1 所示，总质量约 20g。模型采用粗细为"1mm×2mm"的橡筋，且橡筋可安装在模型的舱身内部，起到保护橡筋的作用，模型装有起落架，机翼有上反角，但机翼的翼型需要自行设计。

图 3.3.1　"警察"舱身橡筋动力滑翔机模型

3.3.1　翼型精细设计

观察已经学习的各种航空模型的翼型，例如"天鹰"手掷飞机模型的机翼是用手简易制作的翼型，如图 3.3.2 所示，而有些模型的翼型是预先设计好的，例如"空中巴士"橡筋动力飞机模型的翼型设计非常标准，如图 3.3.3 所示，其形状特征为机翼前缘部分弯曲，机翼后缘部分接近直线。

图 3.3.2　手工简易设计的翼型　　　　图 3.3.3　薄而弯的翼型设计

橡筋动力类航空模型大多采用薄而弯的翼型，手工简易设计的翼型的模型飞行性能较低，我们可以参照"空中巴士"橡筋动力飞机模型的机翼来精细设计性能更好一点的薄而弯的翼型。

用彩笔在机翼前缘 30% 的区间内轻轻画两条辅助线，其中绿色线在压痕上，黑色线在机翼前缘与绿色线的中间位置，如图 3.3.4 所示，手指沿着每条线轻压机翼向下弯曲，直至机翼的形状接近图 3.3.3 所示的翼型。

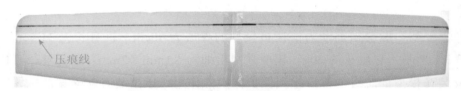

图 3.3.4　绘制辅助线

在翼型设计时，左右机翼要对称，左右机翼上弧线的弯曲度要一致。若出现不对称的情况，例如右翼前缘的弯曲度较大，这时候可用手适当调整以减小前缘的弯曲度。

3.3.2　模型制作

器材："警察"舱身橡筋动力滑翔机模型、橡筋润滑剂、中性皂、双面胶、透明胶带。

将翼台胶片粘贴至机身的翼台上，尾翼胶片粘贴到尾翼基座上，粘贴要对齐且平整，不要出现褶皱，粘贴后稍用力按压，如图 3.3.5 所示。

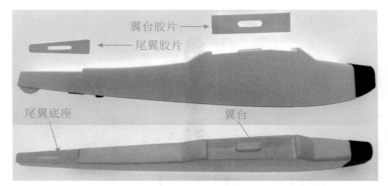

翼台胶片

尾翼胶片

尾翼底座

翼台

图 3.3.5 粘贴双面胶

如图 3.3.6 和图 3.3.7 所示，取出橡筋，把橡筋两端对齐并系结，然后缠绕两圈；让橡筋穿过机头圆孔并套入螺旋桨，橡筋的另一端套入尾钩中，橡筋结置于尾钩处。在机头下方有个狭长的凹槽，将起落架插入凹槽中。将水平尾翼粘贴至尾翼底座上，然后再固定垂直尾翼。将设计好翼型的机翼粘贴至翼台上，粘贴时先将机翼前缘轻压到翼台前部，然后手指逐渐向后移动至后缘，让机翼完全粘贴到翼台上。为了让机翼粘贴得更牢固，并拥有良好的上反角，大拇指指尖用力下压机翼的中间部位，直至左右翼尖微微翘起，然后均匀按压其他粘贴的部位。在模型的合适部位粘贴图案，如图 3.3.1 所示，在美化模型的同时，也能够起到减小飞行阻力的作用。

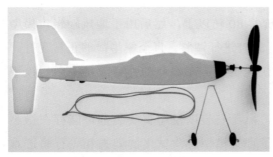

图 3.3.6 模型的各组成部分

图 3.3.7 组装模型

检查模型（每次起飞前都需要重新检查一次）。将模型正对着自己，正视模型，如图 3.3.8 所示，检查模型的对称性是否良好，尤其是左右机翼的翼型设计是否正确、对称，机翼需要拥有良好的上反角，提高模型的横侧稳定性，上反角约为 8°。由于从翼型制作到模型检查经历了一段时间，制作好翼型的机翼有恢复原状的趋势，必要时需要按照翼型设计的步骤再重新设计一次。

图 3.3.8　正视模型（上反角）

3.3.3　模型放飞

　　"警察"舱身橡筋动力飞机模型的翼台是固定的，即模型的重心也是基本确定的，所以模型的俯仰可通过升降舵来实现。在初次放飞模型时，可暂不粘贴图案，避免图案的褶皱影响模型的飞行性能。

　　"警察"舱身橡筋动力飞机模型以右盘旋的方式飞行，所以可将方向舵微微向右调整，暂不调整升降舵及其他部分，根据试飞的情况再做相应的调整，调试方法参见 3.1 节。

　　左手持模型，右手顺时针转动螺旋桨 80 转以上，然后用手迎风轻轻将模型水平掷出，根据模型的飞行姿态和飞行轨迹进行调整，直至模型能够正常飞行，即模型在螺旋桨动力的牵引下右盘旋快速上升，在橡筋动力释放结束后，模型右盘旋缓缓滑翔至地面。

　　由于模型是手工制作，翼型设计、机翼安装以及尾翼安装都可能存在微小的偏差，用眼睛难以发现，这就导致了每架模型首次试飞的姿态和飞行轨迹难以准确预测。当然，随着经验的积累、模型制作水平的提高，也可以达到首飞 80% ～ 90% 甚至更高的成功率。

　　正因为模型制作时很难保证左右的绝对对称，可以在不添加方向舵的情况下，以小动力首次试飞模型，观察模型是左偏还是右偏，根据模型的转向情况再调整方向舵。这个方法可以极大地减少因方向舵的调整导致模型右盘旋下坠而损坏的情况发生。

⊙　**试一试**

（1）"警察"舱身橡筋动力飞机模型自带起落架，可尝试将模型从平整的地面上滑跑起飞。

（2）清洗橡筋，给橡筋添加适量的润滑剂，通过一边拉伸一边缠绕的方式来增加橡筋的缠绕转数，比一比，谁的模型在天上飞的时间更久。为了让模型拥有更多的留空时间，还有哪些改进方法？

3.4　"轻骑士"橡筋动力飞机模型

如图 3.4.1 所示，"轻骑士"橡筋动力飞机模型采用细长的杆身设计，在减重的同时，也极大地减小了飞行阻力，模型的总质量约为 30g，机翼安装角约为 3.5°。机身采用空心圆管，橡筋置于圆管内，可更好地保护橡筋。模型的翼展为 52cm，机长为 43cm，最长飞行时间可达 60s，如果遇到上升气流，可飞行 60s 以上，模型的制作无须粘贴，机翼可更换，利于维修和改进，是一架滑翔性能卓越的橡筋动力飞机模型。

图 3.4.1　"轻骑士"橡筋动力飞机模型

3.4.1　机翼改进设计——"好扭"

1. 爬升不稳定现象

橡筋动力飞机模型在爬升初期，橡筋动力非常大，模型很容易出现过大角度爬升至减速低头，甚至拉翻，为此，之前的解决方法是将方向舵微微右偏，让模型右盘旋爬升。但在实际的飞行中，尤其是大动力飞行时，若方向舵向右的偏移量较小，大动力放飞时模型仍可能会以大角度爬升至减速低头或拉翻；若进一步加大方向舵的右偏角，虽能够在爬升初期实现右盘旋飞行，避免了过大角度爬升和拉翻现象，但这时候的飞行很容易出现右盘旋不上升，甚至右盘旋下坠，调试难度大，整体表现为模型的右盘旋半径小，右机翼倾斜明显，模型爬升缓慢，上升不够高，不利于模型的滑翔，造成滑翔时间短。这是因为仅通过添加方向舵的右偏角来实现模型的右转弯会产生一个副作用，会使飞行中的模型的右机翼越来越低，从而导致模型右盘旋不上升或下坠。所以，仅通过调整方向舵的方法来克服模型爬升初期的不稳定是非常困难的。

2. 正扭转右翼翼尖——"好扭"

为了有效解决模型爬升不稳定的问题，让模型更易于调整，增强模型对气流的适应性，可以给模型的右机翼添加"好扭"设计。简单的做法就是在已设计好翼型的右翼翼尖位置进行微小的正扭转（或左翼尖微微反向扭转），即右翼尖前缘向上、后缘向下扭转，如图3.4.2所示，也可以同时将右翼尖正扭转和左翼尖反向扭转，但这种左右机翼同时扭转的调整难度大，而常采用的是只将右翼尖进行正扭转，让左翼尖和右翼尖相对的扭转角度在5°以内，宜小不宜大。

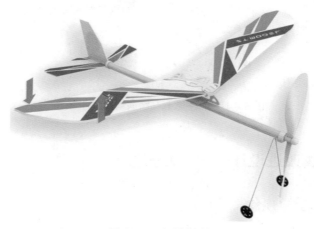

图 3.4.2　扭转机翼

对于橡筋动力飞机模型，机翼"好扭"的具体设计方法是将模型的机头正对着自己，右手持机身，左手轻轻抓住右翼翼尖部位，然后稍稍将机翼前缘向上、后缘向下扭转至一定角度并保持位置不变，等几秒钟后松开手再对比左翼，观察扭转角度是否适宜。若不足，需再次用同样的方法进行扭转，直至满足需要为止。为了准确判定机翼是否扭转至合适的角度，如图 3.4.3 所示，在距离右翼后缘 $\frac{1}{3}$ 翼弦位置（蓝色线）和后缘 $\frac{1}{2}$ 翼弦位置（红色线）分别用线段做标记，翼尖扭转好之后，正视模型并将模型逐渐低头，对比观察左翼尖和右翼尖的前缘位置，当左翼前缘刚好遮住后缘时，右翼尖的前缘正好投影在标记的蓝色线和红色线之间，其中红色虚线为前缘遮住的部分。

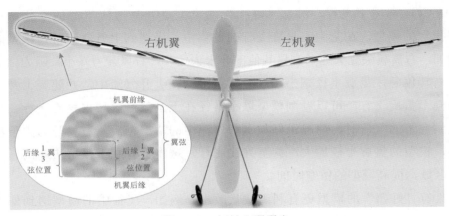

图 3.4.3　扭转右翼翼尖

由于手工设计翼型很难保证左右机翼的绝对对称，使得模型的首飞状态难以确定，而"好扭"的设计恰恰是有意让机翼不对称，更有利于判断模型的首飞状态，大大提高了模型第一次试飞的成功率。

3."好扭"的作用

由于右翼翼尖发生了扭转，右翼翼尖部位的安装角比机翼其他部位的安装角大，模型在飞行中，机翼失速就会有先有后。当模型以大迎角飞行时，尤其是放飞的爬升初期，模型以大角度爬升，右翼翼尖部分迎角最大，也就会最先出现失速。此时右翼翼尖总升力急剧减小，阻力骤增，右机翼向下倾斜，所以，此时模型就会出现右转弯飞行。

机翼的"好扭"设计对橡筋动力飞机模型的大动力飞行非常有利。在爬升初期，模型的橡筋动力非常大，模型以较大迎角飞行，在机翼各部分接近失速时，右翼尖部分最先失速，右机翼的总升力减小，阻力增加，模型迅速进入右盘旋飞行状态，避免了模型的拉翻。

到了爬升的中后期，橡筋动力有所下降，模型的爬升角减小，飞行的迎角也减小，飞行速度降低，在整个机翼都不会出现失速的情况下，比较而言，由于右翼翼尖迎角最大，整个右翼升力大于左翼升力，模型有向左滚转的趋势，即机翼有左倾趋势，从而在一定程度上抵消了模型由于右盘旋带来右翼下倾的问题，增强了模型右盘旋飞行的稳定性。也正因为如此，机翼的"好扭"设计必须联合方向舵（方向舵向右偏移），在这二者的共同作用下，模型才能达到右盘旋爬升和右盘旋滑翔的状态。

在有风环境下飞行，添加"好扭"的模型更容易适应气流的变化。具有"好扭"的模型，在空中右盘旋飞行的过程中，当遇到上升气流时，模型的迎角增加，右翼翼尖先失速（右翼其他部分未失速），右翼升力减小，阻力增加，模型右转偏急，盘旋半径减小，这时模型将待在上升气流中，并随着上升气流一直向上盘旋飞行，可以看到模型以小半径在上升气流区域内盘旋飞行。当模型遇到向下的气流时，情况正好与上升气流中的情况相反，右翼升力大于左翼升力，模型的盘旋半径加大，甚至直线飞行，这将更有利于模型快速离开下沉气流区域，提高模型的留空时间。

具有"好扭"的模型更有利于波状改出，例如，飞行中的模型遇到外界气流干扰进入波状飞行时，模型逐渐抬头，机翼迎角增加，由于"好扭"的影响，右翼翼尖升力增加更为缓慢，阻力增加更快，而左翼升力增加更快，阻力增加较慢；增大了模型的右转趋势，使得模型的盘旋半径减小，有利于波状飞行的改出，尽可能避免出现波状飞行。

4. "好扭"飞行的调试

若"好扭"设计得刚刚好，而方向舵的右偏角较小，则会出现模型右盘旋爬升，在无动力滑翔时出现左盘旋飞行。若在平时训练中遇到这样的飞行轨迹，可以适当加大方向舵的右偏角，然后再试飞，直至模型在整个飞行中都是右盘旋。若是比赛中出现这样的飞行轨迹，只要模型能够右盘旋迅速爬升到预期的高度，在无动力滑翔时又能慢慢地平稳滑翔，就说明模型已经基本调试好，一般不需要再进行调整。至于模型无动力滑翔是左盘旋还是右盘旋并不重要，这是因为比赛制作和试飞的时间短，一般不会有充足的时间，而且模型调试不确定的因素很多，若调试不好，极有可能导致本来可以飞起来的模型，调试之后又飞不起来了。

若"好扭"设计得偏小，则"好扭"的作用难以表现出来，方向舵右偏角适中，则模型在大动力飞行时很容易出现大角度爬升至减速低头或拉翻，难以获得右盘旋爬升的飞行姿态。

若"好扭"设计得稍微偏大一些，方向舵右偏角适中，则模型在爬升盘旋的第一圈内，由于右翼翼尖过早失速，阻力增加明显，模型右转弯过急，右翼升力下降，会出现右盘旋不上升甚至飞行高度下降，但第一圈盘旋飞行之后，模型又能正常右盘旋爬升飞行，当进入无动力滑翔时，模型往往会出现左盘旋飞行。这样的爬升轨迹和姿态是"好扭"设计偏大的标志，针对这样的飞行状态，可以适当减小翼尖"好扭"扭转的角度，通过再次试飞和反复调试，直至模型能够正常飞行。

若"好扭"设计过大，在爬升初期，右翼尖失速严重，阻力急剧增加，右机翼过度向下倾斜，盘旋半径急剧减小，极容易出现右盘旋下坠。若模型没有坠落，而是右盘旋不上升，且能够继续飞行，到了爬升的中后期，过大的"好扭"会让右翼尖始终处于失速状态，模型机翼将会一直右倾并以小半径右盘旋低空飞行，很快就会落到地面。

对于任何一架橡筋动力飞机模型，方向舵右偏角过大都会让模型在爬升时出现右盘旋上升缓慢，或右盘旋不上升，或右盘旋下坠的情况。方向舵右偏角越大，飞行姿态越遭。

总之，为了提高橡筋动力飞机模型调试的成功率，减少调试时间，首先必须认真按设计要求进行制作，并仔细检查模型整体的完整度、左右的对称性以及机翼翼型、重心位置的正确性，同时给方向舵添加一个微小的右偏角，右偏角宜小不宜大。然后进行"好扭"设计，将右翼翼尖扭曲到标记的位置，在调整试飞的过程中，仔细观察模型的飞行姿态和轨迹，然后做出正确判断和调整，通常试飞和调试二三次，模型就可以成功飞行并达到一个较高水平的状态。若模型制作精良、放飞经验丰富，一般可做到刚制作好的一架模型在第一次试飞时就可以达到极高的放飞水平，最多再通过一次调整，试飞第二次即可成功飞行。

若模型制作不够精良，例如，翼型没有设计好、左右机翼对称性不好、整个尾翼发生倾斜（相对机翼）、水平尾翼晃动等，这类模型的试飞调整难度将非常大。有的模型会出现方向舵已经偏向左侧，但模型仍然右盘旋不上升，右盘旋半径较小，这时候需要重新调整模型的各部分，包括翼型的重新设计，同时还需要进一步调整重心（重心前移）或升降舵（升降舵上调），必要时再次加大方向舵的左偏角。

"好扭"设计也存在不足之处，"好扭"设计是对模型右翼翼尖进行扭曲，这就造成了飞行中模型的机翼各处迎角不同，右翼翼尖扭转区域的迎角大，机翼其他地方的迎角小，即在任何时候，整个机翼都不可能在理想的迎角下工作，机翼的空气动力性能降低。机翼扭曲得越大，翼尖迎角与机翼其他位置的迎角偏差越大，空气动力性能降低越多，从这个角度来看，在改进模型的设计时，"好扭"设计也是易小不宜大，只要能够满足模型的正常飞行即可。

3.4.2　模型制作

器材准备： "轻骑士"橡筋动力飞机模型、双面胶、透明胶带、润滑剂（蓖麻油）、中性皂、刻度尺、中性笔、钳子、进口橡筋。

1.机翼翼型设计

在机翼有图案的一面画上两条辅助线，如图 3.4.4 所示，其中黑色辅助线在压痕上，绿色辅助线在机翼前缘与黑线之间的中间位置。然后将机翼反过来至无图案的一面，在右副翼的右侧画一条竖的虚线，测量虚线位置的翼弦长为 7.5cm，再以虚线为边界线画两条"好扭"的参考线，如图 3.4.5 所示。参考线分别在距离右翼翼尖后缘 2.5cm 的位置（后缘 $\frac{1}{3}$ 翼弦位置）和后缘 3.75cm 的位置（后缘 $\frac{1}{2}$ 翼弦位置），最后分别沿着两条辅助线将机翼弯曲来制作翼型。

左机翼　　　右机翼

图 3.4.4　在机翼上画两条辅助线

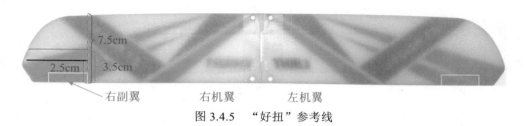

图 3.4.5 "好扭"参考线

"轻骑士"橡筋动力飞机模型的机翼属于薄翼，观察之前学过的各种翼型上弧线的形状，机翼前缘弯曲度较大，机翼后缘接近直线，机翼翼型设计的弧度可参考图 3.4.6，也可以按翼台的弧度设计翼型。

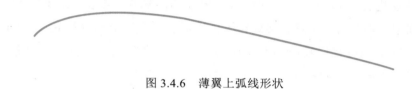

图 3.4.6 薄翼上弧线形状

2. 安装翼台

将翼台套入圆管（机身）中，如图 3.4.7 所示，安装时注意翼台的前后，翼台高的一端在前，低的一端在后，移动翼台使翼台前端距离圆管前端 9.5cm，并在该位置的机身上做标记。

图 3.4.7 安装翼台

若翼台距离机头较近，模型在滑翔时容易出现波状飞行；若翼台距离机头较远，模型滑翔时下沉速度快，当多次出现以上现象，说明翼台的位置不合理，需要重新调整翼台的位置，直至模型能够缓慢地无动力平稳滑翔。

3. 制作橡筋

"轻骑士"橡筋动力飞机模型采用"1mm×3mm"的粗橡筋，橡筋质量约为 3.8g，长度约为 120 ～ 130cm，先检查橡筋完好无损，边缘光滑无裂痕，也无毛刺。然后将其两端对齐并系上橡筋结，橡筋绕两圈，如图 3.4.8 所示。

图 3.4.8　橡筋绕两圈

由于产品存在差异，不同盒子里的橡筋长度可能各有不同，一般来说，橡筋稍长点会好些，有利于提高橡筋的最大缠绕转数，增大橡筋的动力和动力释放的时间。

若要提高飞行水平，可先清洗橡筋，等橡筋晾干后，给橡筋添加润滑剂，然后对橡筋进行预拉伸。预拉伸就是将橡筋的两端系结并缠绕两圈，然后用两手将橡筋向左右撑开。在螺旋桨旋转轴处也添加一点润滑剂进行润滑，如图 3.4.9 所示，以减小螺旋桨旋转时的摩擦阻力。为了节省时间，清洗后的橡筋也可以直接使用纸巾沾去橡筋表面的水。

图 3.4.9　添加润滑剂

若橡筋本身较长，或橡筋经多次缠绕后不能恢复原长，橡筋长度增加，较长的橡筋容易从螺旋桨的金属钩上脱落，为此可使用钳子将金属钩夹紧，如图 3.4.10 所示，减小金属钩的入口空间。

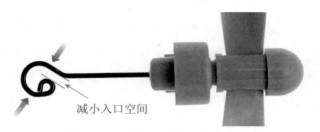

图 3.4.10　减小金属钩的入口空间

4. 安装螺旋桨、橡筋、尾翼底座和起落架

如图 3.4.11 ～图 3.4.13 所示，橡筋一端套入尾翼底座的钩子中，并将橡筋

结移到尾钩边上，利用白色扎丝将橡筋穿入机身，穿出后的橡筋固定到螺旋桨上的金属钩内。然后将尾翼底座和螺旋桨正确安装到机身上，最后安装起落架。

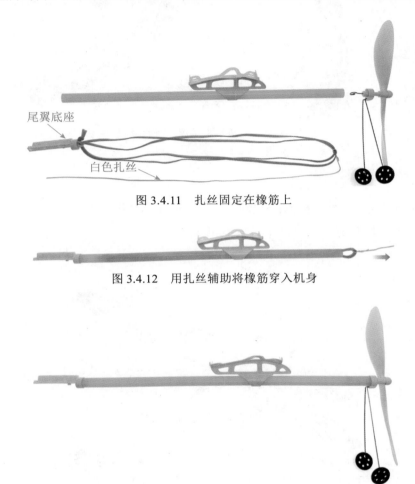

图 3.4.11 扎丝固定在橡筋上

图 3.4.12 用扎丝辅助将橡筋穿入机身

图 3.4.13 安装螺旋桨、尾翼底座和起落架

5. 安装尾翼

将水平尾翼对准尾翼底座的卡位，并使用压片固定，如图 3.4.14 所示，然后将垂直尾翼插入尾翼底座的卡槽中。

安装后需检查水平尾翼是否晃动、垂直尾翼是否牢固，必要时需采用双面胶对晃动的水平尾翼进行固定，用双面胶将垂直尾翼粘牢，提高模型飞行的稳定性。

水平尾翼压片

图 3.4.14　安装水平尾翼和垂直尾翼

6. 安装机翼

将机翼对准翼台，然后用机翼压片压住机翼，如图 3.4.15 所示，安装时需注意机翼，压片有前后之分，不可安装倒了。

机翼压片

图 3.4.15　安装机翼

7. 模型检查（每一次放飞之前都需要进行检查）

如图 3.4.16 所示，正视模型，检查并调整模型，使机翼和尾翼的左右对称性良好，机翼上反角正常，尾翼无倾斜，升降舵和方向舵无偏角，翼型设计正确，翼台位置距离机身前端 9.5cm 并添加标记。

图 3.4.16　正视模型

8. "好扭"设计

对于右盘旋飞行的模型,其"好扭"设计是将右机翼翼尖部分的安装角扭转大一些,必要时也可将左翼翼尖部分的安装角反向扭转小一点,机翼的其他部位不调整。

(1)在翼型设计之前,先在右翼翼尖下面的中间部位轻轻地画一条横线作为标记,然后设计翼型并组装好模型。

(2)正视模型,通过检查和调整以确保各部分制作正确,对称性良好。

(3)正视模型,左手轻轻抓住右翼翼尖部位,将右机翼前缘向上、后缘向下扭转。然后松开左手,正视模型并仔细观察,将模型慢慢低头,如图3.4.17所示。当右手边的机翼(左翼)翼尖前缘刚刚遮住后缘时,左手边的机翼(右翼)前缘刚刚遮住画的横线,说明"好扭"设计得比较好。在"好扭"设计中,左右翼尖相对扭转的角度宜小不宜大。

图 3.4.17　模型逐渐低头

"好扭"设计是对机翼进行合理的扭转,橡筋动力飞机模型的机翼翼尖扭转的经验数据是:左翼翼尖和右翼翼尖的安装角绝对差值为3°～5°,一般不超过5°。由于"好扭"设计在机翼上,机翼是泡沫材料,变形后会有微小的恢复,所以每次放飞前都要认真检查。

3.4.3　模型放飞

由于制作的每一架模型都可能存在一定的差异，"好扭"设计是否合适最终还要通过试飞进行检验。橡筋动力飞机模型添加了右舵和"好扭"设计，一般不采用手掷的方式试飞，而是常采用小动力试飞，将橡筋绕150转左右，然后把模型水平掷出，观察模型的爬升和滑翔。根据飞行姿态和轨迹对模型进行相应的调整，直至试飞成功。正常的飞行状态为：模型右盘旋快速上升，无动力时，右盘旋滑翔下滑，模型右盘旋半径大，下沉速度慢。调试中，方向舵右偏角越小越好，只要能够获得右盘旋即可，这样可以保证模型右盘旋飞行时有更大的盘旋半径。

大动力飞行时，选择场地的上风区，将橡筋绕到200转以上，手掷时，将模型高举并抬头约30°，模型右倾直至右翼接近或略低于水平角度，朝着风向并向左偏转约30。模型抬头的角度取决于橡筋动力的大小，橡筋缠绕的转数越多，动力越大，机头就抬得越高。模型朝着风向偏左的角度掷出是为了让右盘旋的模型能够争取更多的逆风飞行时间，让模型爬升得更快、更高。

当风速较大时，原则上要等风变小时再进行放飞，同时在放飞过程中还需要保护模型，将模型放于胸前，用身体挡住风，避免机翼变形或折断。若一直等不到合适的时机，可将模型以较小的力量逆风水平掷出；对于大风天气，原则上是不可放飞的，若要探索飞行或竞赛需要，可采用顺风放飞的方式用力掷出。

雨天模型是不能放飞的，雨水打到机翼上，会增加模型的重量，同时还影响机翼表面的气流，导致模型的升力降低。对于小雨的环境（无雷暴天气），可飞行两三次，但模型达不到较理想的飞行状态，若无老师指导或竞赛需要，从安全角度考虑，不建议雨天飞行。

3.4.4　橡筋动力飞机模型竞赛与改进

"轻骑士"等橡筋动力飞机模型比赛是常年的竞赛项目，这类模型制作简单，飞行性能好，由于采用无胶连接，维修也很方便。

在竞赛规则中，"轻骑士"等橡筋动力飞机模型制作和调试的总时间非常有限，一般在30min左右。比赛进行两轮，以两轮成绩之和为个人比赛成绩。每轮比赛的时间为3min，包含进场后检查和绕橡筋的时间。

　　模型飞行过程中，在障碍物上停止前进运动或飞出视线，应停止计时；模型如被障碍物遮挡，10s 内重新看见模型继续飞行，应连续计时。除项目细则中有特殊规定外，航空模型竞赛项目每轮最长测定时间为 60s。

　　发生以下情况应终止计时：模型飞行过程中脱落零部件或解体，任一零部件触地时；模型碰到障碍物坠落触地时；模型着陆前，如参赛选手、助手或本参赛队人员接触模型。

　　由于比赛为两轮，且制作时间非常短，为了在比赛中取得优势，可采用以下方法。

　　（1）通过练习，提高模型制作的熟练程度和制作精度，即尽量保证制作的每一架模型几乎不用调试就可以直接成功飞行，并力争在有限的时间内制作两架模型，以便备用。

　　（2）为了节约时间，橡筋不用清洗，取出橡筋后直接添加润滑剂并揉匀，手上残余的润滑剂可用面巾纸擦去。

　　（3）将垃圾装入模型的包装盒内并带走，养成良好的习惯。

　　（4）在放置时，将模型放在难以触碰到的位置，一定不要倒置模型，移动模型时，不要拥挤，远离他人，必要时将模型高举，避免模型与其他事物接触，防止对模型造成损坏。

　　（5）在试飞模型时，选择空旷的场地区域，站到上风区，先预拉伸橡筋，然后直接采用 200～250 转的橡筋动力进行试飞。在缠绕橡筋时，一边绕圈，一边拉伸橡筋。试飞不仅仅是为了调试模型，使其能正常飞行，也是为了对新的橡筋进行预拉伸和预缠绕，使得在比赛时橡筋能够达到最佳的状态。试飞时，一定要保护好模型，既不能丢失，也不能损坏，若试飞场地有限，可减小橡筋的缠绕转数。

　　（6）在试飞调试时，一定要先检查模型的正确性和对称性，只有在此基础上，对模型的调试才有意义。观察模型的飞行姿态和轨迹，只要在爬升阶段能够右盘旋迅速爬升至较大的高度，无动力时，模型能够缓缓滑翔即可，左盘旋或右盘旋都可以。尽量减少对模型的调整，以节约时间，因为每一次调整后，都需要进行至少一次的成功试飞才能确定之前的调整有效。

　　（7）若第一轮中，模型成功飞行并取得较好的成绩，最后模型也成功收回，第二轮可继续选择第一轮放飞的模型，不要轻易更换模型。若第一轮模型未能成功飞行、丢失或损坏，第二轮可更换为备用模型进行放飞。

3.4.5　进口橡筋

"轻骑士"橡筋动力飞机模型内置的原装橡筋弹性性能弱，还有一种进口橡筋的弹性性能比原装橡筋要好，常规的进口橡筋粗细有两种："1mm×1mm"规格和"1mm×2mm"规格，如图3.4.18所示。而"1mm×1mm"规格的进口橡筋实际测量其粗细约为"1mm×1.5mm"，"1mm×2mm"规格的进口橡筋实际测量其粗细约为"1mm×2.5mm"。

图3.4.18　"1mm×1mm"规格（左）和"1mm×2mm"规格（右）

进口橡筋的拉伸倍数可达到橡筋原长的8倍以上，动力释放较均匀，更有利于橡筋动力类模型稳定爬升。

给橡筋动力飞机模型选配橡筋时，一般来说，选配橡筋的克数可与原装橡筋相近，然后给橡筋缠绕合适的圈数并安装到模型上，橡筋以刚刚被拉直（橡筋未伸长）为宜。"轻骑士"橡筋动力飞机模型可选择"1mm×1mm"规格、长约232cm、质量约为3.8g（绕4圈安装）或"1mm×2mm"规格、长约175cm、质量约为3.8g（绕3圈安装）的进口橡筋。

3.5　"翔鹰号"橡筋动力飞机模型

"翔鹰号"橡筋动力飞机模型是滑翔性能较好的模型，如图3.5.1所示，模型的总质量约为20g，翼展为40cm，机长为40cm，模型采用木质杆身设计，橡筋悬挂在木杆下方，重量轻、飞行阻力小。机头整流罩带有空转结构，能很大程度降低飞行阻力。

图 3.5.1　"翔鹰号"橡筋动力飞机模型

3.5.1　拉力线

1. 螺旋桨下拉

　　"翔鹰号"橡筋动力飞机模型拥有高翼台，模型的重心在机身基准线的上面，若拉力线与机身基准线一致，螺旋桨拉力会产生一个抬头的力（全称为力矩），模型容易出现"拉翻"现象，所以，可以将模型的拉力线下倾，让拉力线尽可能地向模型重心靠近，如图 3.5.2 所示，甚至使拉力线上移经过或超过重心，这种调整方式称之为螺旋桨下拉。

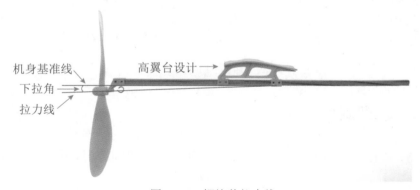

图 3.5.2　螺旋桨拉力线

　　螺旋桨下拉可以让模型在动力飞行时产生一个低头飞行的分力，另外，飞行中螺旋桨旋转产生的气流自下而上吹向尾翼，增大了水平尾翼的迎角，进一步增加了低头飞行的趋势。

螺旋桨的下拉也不是越大越好，下拉角偏大会影响模型的爬升，容易造成模型爬升缓慢和橡筋能量的浪费，"翔鹰号"橡筋动力飞机模型的螺旋桨已有明显的下倾角。一般轻小型橡筋动力飞机模型的下拉角已经设计好了，不需要调整。通常橡筋动力飞机模型的螺旋桨拉力线下拉角为 1°～ 2°，电动自由飞模型的下拉角为 1°～ 5°。

2. 螺旋桨右拉

为了进一步优化模型爬升过程的不稳定，避免模型因过大角度爬升而出现减速低头和"拉翻"的现象，对于右盘旋飞行的模型可采用螺旋桨右拉的方法，即将螺旋桨拉力线右倾，螺旋桨右拉角为 1°～ 3°。如图 3.5.3 所示，利用螺旋桨的右拉让模型产生右转的力（力矩），可以让模型在动力爬升阶段进入小半径的右盘旋飞行状态，避免模型因过度抬头而减速低头或拉翻。

由于右拉力线是通过螺旋桨的动力让模型产生右转趋势，所以在模型无动力滑翔阶段，右拉力线的作用消失，模型将以较大的半径右盘旋飞行。若将螺旋桨右拉联合机翼的"好扭"一起设计，可大大提高橡筋动力飞机模型的飞行性能，适用于可改进的各种橡筋动力飞机模型中。

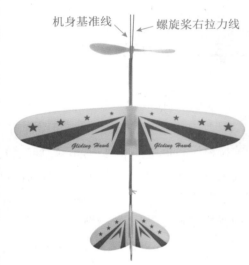

图 3.5.3　拉力线右倾（右拉力线）

3.5.2　模型制作

器材： "翔鹰号"橡筋动力飞机模型、剪刀、橡筋润滑剂、中性皂、双面胶、钳子。

1. 安装翼台和尾钩

将翼台从木质机身的一端套入，翼台距离机身前端 9cm，如图 3.5.4 所示，并用笔在机身上做标记。然后将尾钩从机身的另一端套入，尾钩距离机身后端 3cm。

图 3.5.4　安装翼台和尾钩

2. 安装螺旋桨、橡筋和尾翼底座

如图 3.5.5 所示，在机身前端安装螺旋桨，再将尾翼翼台安装到机身后端，"翔鹰号"橡筋动力飞机模型采用"1mm×1mm"的橡筋，将橡筋的两端对齐并系好橡筋结，然后绕 4 圈，最后将橡筋安装到机身，有橡筋结的一端安装在尾钩处，另一端安装到螺旋桨基座的金属钩上。将两个细长的双面胶取出，分别粘贴到尾翼底座的下方和左侧，在翼台上粘贴翼台双面胶。

图 3.5.5　安装螺旋桨、橡筋和尾翼底座

也可以对橡筋进行清洗，添加润滑剂，然后进行预拉伸和预绕，在缠绕橡筋时要边拉伸边缠绕，提高橡筋的最大缠绕转数。同时可以在螺旋桨的金属旋转轴上添加润滑剂，提高螺旋桨旋转的润滑度，减小旋转阻力。

3. 安装尾翼

在尾翼底座的左侧粘贴垂直尾翼，在下方粘贴水平尾翼，如图 3.5.6 所示。

4. 翼型设计

用剪刀将左右机翼从中间裁剪处分开，调整至翼面平整。观察机翼有图案的一面，其表面有压痕线，用中性笔分别在左右翼

图 3.5.6　安装水平尾翼和垂直尾翼

面上轻轻画出三条间距近似相等的辅助线，如图 3.5.7 所示，中间的辅助线沿着距离前缘较近的压痕线画出，每相邻的两条辅助线之间的距离相等。

图 3.5.7　绘制辅助线

最后在右机翼无图案的一面画出"好扭"设计的两条参考线，如图 3.5.8 所示，两条参考线分别在距离机翼后缘 $\frac{1}{2}$ 翼弦位置和 $\frac{1}{3}$ 翼弦位置，中间 $\frac{1}{2}$ 翼弦位置的参考线长度为 5cm。

图 3.5.8　绘制"好扭"辅助线

取出右翼（或左翼），分别沿着距离前缘较近的三条线进行翼型设计。左手轻捏住机翼，右手食指沿着辅助线方向垫在下方，大拇指下压翼面向食指弯曲，左手伴随右手，从前缘向后缘依次完成每条辅助线上的翼型设计，然后再对另一个机翼进行翼型设计。在翼型设计时，左右翼面的弯曲幅度要相同。翼型设计完成后，对两个机翼进行对比，确保左右机翼对称。

5. 安装机翼

取出左翼（或右翼），用手轻轻抓住机翼的前缘和后缘，然后将机翼后缘抬高，翼根处的前缘对准翼台的左前端并粘贴。然后后缘渐渐贴近翼台并粘贴，提高机翼与翼台粘贴的吻合度。再用同样的方法安装另一个机翼，安装完成后，对机翼的粘贴部位进行施压，使其粘贴牢固。安装过程中需要尽量减小两机翼之间的缝隙，让机翼存有较好的上反角。至此，"翔鹰号"橡筋动力飞机模型制作完成，如图 3.5.1 所示。

6. "好扭"设计

检视模型，先检查机翼的对称性，然后左手轻轻抓住右翼翼尖的位置并扭转，前缘微微抬升，后缘微微下压，并不断观察：正视模型，将模型逐渐低头，直到左翼翼尖的前缘刚刚与后缘重合时，右翼翼尖5cm位置的前缘刚刚投影在"好扭"的两条参考线之间，如图3.5.9所示。

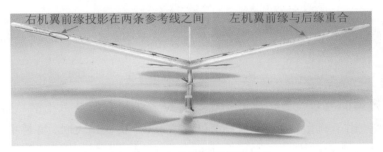

右机翼前缘投影在两条参考线之间　　左机翼前缘与后缘重合

图 3.5.9　右机翼"好扭"设计

7. 添加右拉力线和右舵

"翔鹰号"橡筋动力飞机模型的右拉力线是用手稍稍向右掰动螺旋桨固定基座（塑料部分），让这个塑料部件发生微小变形，如图3.5.10所示，保证螺旋桨右拉角为1°～3°，宜小不宜大，如图3.5.3所示。添加右拉力线时，手的施力点在螺旋桨基座的塑料件上，不在螺旋桨上，千万不可将螺旋桨的金属转轴（金属丝）掰弯。

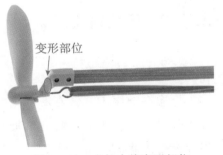

变形部位

图 3.5.10　右拉力线变形部位

右拉力线增大了模型在爬升阶段的右转趋势，使模型以小半径右盘旋爬升，可以提高模型爬升过程的稳定性；但是，在无动力滑翔阶段，右拉力线的作用消失，若要让模型继续右盘旋飞行，还需要添加微小的右舵，方向舵的右偏角为1°～5°，越小越好，只要模型能够右盘旋飞行即可。

8. 模型检查（每一次放飞前都需要重新检查）

正视模型，检查其对称性和牢固性，若翼台、尾钩或尾翼翼台出现松动现象，需要使用双面胶或其他方法进行加固，若尾翼左倾或右倾（相对主机翼），需扭转机身或尾翼，如图 3.5.11 所示，使水平尾翼接近水平，扭转时幅度不要太大，避免扭断木条。

图 3.5.11　扭转水平尾翼

检查模型的翼台位置、"好扭"、右拉力线和右舵是否正常，若不正常，需重新调整。由于模型添加了"好扭"和右拉力线，初次试飞时，可暂不添加右舵，根据试飞后的飞行状态再适当调整方向舵。不添加右舵而直接放飞，通常会出现右盘旋上升，无动力后左盘旋滑翔，这时候可将方向舵微微向右调整即可，也可以选择不调整。

3.5.3　模型放飞

1. 小动力试飞

将橡筋缠绕 100 转左右，模型以小动力飞行，爬升角较小，这种飞行姿态的爬升稳定性非常好，随着橡筋动力的释放，橡筋动力逐渐减小，这时模型的爬升角也在减小，飞行稳定性增加。

2. 大动力试飞

将橡筋缠绕至 200 转以上，然后进行大动力试飞。由于模型同时添加了右拉力线和"好扭"，在爬升阶段，模型以较小盘旋半径迅速爬升，一般不会出现拉翻、失速等现象。在无动力滑翔阶段，模型失去右拉力线的作用，盘旋半径增大，开始以较大的半径进行右盘旋滑翔。

若模型在滑翔阶段右盘旋半径较小，机翼右倾明显，模型下沉速度快，有可能是右舵偏大或"好扭"偏大导致的，可检查右舵和"好扭"并进行适当调整，直至模型能够以较大的半径右盘旋缓慢滑翔。

为了获得更长的留空时间，手掷时将模型举过头顶，还可以采用起跳的方式来争取最大的起飞高度。

3.6 "雷鸟"橡筋动力飞机模型——上反角

"雷鸟"橡筋动力飞机模型属于滑翔机，其翼展为 51cm，机长为 40cm，机翼安装角约为 4°，如图 3.6.1 所示。机身采用木质杆身设计，飞行阻力小，总质量约为 20g，由于"雷鸟"橡筋动力飞机模型具有较好的结构设计，模型可以添加右拉力线和"好扭"进行辅助飞行，大大提高模型爬升初期的盘旋稳定性。

图 3.6.1 "雷鸟"橡筋动力飞机模型

与"雷鸟"橡筋动力飞机模型相似的还有"天驰"橡筋动力飞机模型，其翼展及机身长度与"雷鸟"相同，外观也基本一致，如图 3.6.2 所示，两种模型的调试和放飞方法也都一样。

图 3.6.2 "天驰"橡筋动力飞机模型

3.6.1　机翼上反角

正视一架制作好的模型，机翼向上翘的角度就是机翼的上反角，如图 3.6.3 所示。将模型左右无倾斜的水平放置，可通过测量机翼前缘与水平面的夹角作为模型的上反角。上反角主要用来增强模型的横侧稳定性。当模型突然遇到外界气流干扰时，模型会发生向左或向右的倾斜，上反角可以让机翼产生一种恢复力，使模型能够尽快从倾斜状态恢复到左右水平的状态。

图 3.6.3　机翼上反角

常见的固定翼航空模型的上反角有四种：V 形上反角（一折上反角）、U 形上反角（双折上反角）、双 V 形上反角（三折上反角）和海鸥形上反角，如图 3.6.4 所示。上反角是影响模型横向稳定性的主要因素，在上反角高度相同的情况下，双 V 形上反角的机翼恢复力最大。但从气动力效果来看，U 形上反角的气动效果最好，但制作起来非常困难，所以在实践中很少采用。

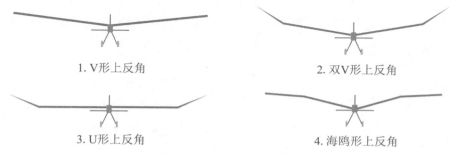

1. V形上反角　　　　　　　2. 双V形上反角

3. U形上反角　　　　　　　4. 海鸥形上反角

图 3.6.4　各种不同的上反角

"雷鸟"橡筋动力飞机模型的机翼采用双 V 形上反角设计，如图 3.6.5 所示，模型的横向稳定性更好，其中翼根处的上反角约为 10°，翼尖处的上反角约为

25°。"轻骑士""空中巴士"和"飞鹰号"等橡筋动力飞机模型采用 V 形上反角设计，其中"轻骑士"橡筋动力飞机模型的上反角约为 10°。

图 3.6.5　"雷鸟"橡筋动力飞机模型的双 V 形上反角设计

　　模型在无风环境下可以稳定飞行，但并不代表在其他环境下也能够稳定飞行，稳定飞行还包括模型能够适应外界突然变化的能力。例如，模型突然遇到下沉气流、侧风、突变气流、上升气流，等等，当模型受到这些不确定因素影响时，应该有自动恢复到原来飞行状态的本领，这个本领就是模型的稳定性。机翼上反角的设计就可以增加模型的横侧稳定性。

　　观察模型在有风环境下的飞行姿态，当有侧风吹向模型时，垂直尾翼的作用是使模型的机头指向风的方向，起到方向稳定性的作用。而机翼上反角是起到横侧稳定性的作用，其副作用恰是阻止机头指向风的方向。

　　在设计模型时，如果机翼上反角设置得偏小，模型的横侧稳定性不足，模型飞行受到气流干扰容易发生左倾或右倾，容易出现盘旋不稳定现象，如盘旋不上升或盘旋下坠。如果模型的上反角太大，模型的横侧稳定性太强，相比较而言，垂直尾翼的作用减弱，在模型受到气流干扰时会出现摇摆不稳定的现象，这时候也可以使模型左右摇摆。

　　在有风的环境中，一架右盘旋的模型刚好遇到右侧风，如图 3.6.6 所示，如果模型表现出很难转弯或无法转弯，且机翼有明显的左右摇摆现象，说明模型的上反角偏大。相对而言，垂直尾翼的作用减弱，使得模型不能转弯，调整方法是减小模型的上反角。如果模型只是表现得难以转弯，机翼并无左右摇摆的现象，通常还会表现为模型不上升或是下降，这说明机翼上反角偏小。相对而言，垂直尾翼的作用"增强"，使得模型难以转弯，调整方法是增大模型的上反角。

　　在实际飞行中，盘旋不稳定比摇摆不稳定的危害更大一些。上反角偏大，模型可能会出现摇摆不稳定，但仍能够在空中飞行；而上反角偏小时，盘旋不稳定极有可能造成模型盘旋不上升甚至盘旋下坠。所以在制作时，应当首先避

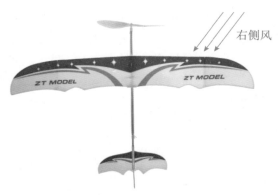

右侧风

图 3.6.6　模型遇到右侧风

免上反角偏小的情况。

对于橡筋动力飞机模型，上反角还有非常重要的作用。在橡筋动力飞机模型的爬升初期，橡筋动力特别大，在右旋螺旋桨旋转的反扭力作用下，机翼容易出现左倾。而上反角的设计恰好增强了模型的横侧稳定性，避免模型出现过度左倾，使模型能够正常地右盘旋爬升。所以，橡筋动力飞机模型的上反角可以比电动自由飞等缓爬升模型的上反角略大一些。

由于橡筋动力飞机模型的机翼是泡沫材质，制作好的机翼放置一段时间后会有形变恢复，所以每次放飞前都需要认真检查上反角，必要时再次进行手动调整。

在有风环境下试飞时，可以观察模型在盘旋时的飞行轨迹和飞行时间，如果飞行轨迹接近一个标准的圆，并随风移动，在有动力时模型正常爬升，无动力时正常滑翔，则说明上反角合适。或者用秒表记录模型逆风半圈飞行的秒数和顺风半圈飞行的秒数，若时间相同，也说明模型有着较好的上反角。

3.6.2　模型制作

器材："雷鸟"橡筋动力飞机模型、剪刀、刻度尺、笔、透明胶带、润滑剂、直尺、双面胶。

1. 安装机身组件

取出机身（木条），将翼台从机身的一端套入，翼台距离机身前端 7cm，然后在木条另一端套入尾钩，尾钩距离机身后端 3cm，如图 3.6.7 所示。

图 3.6.7　安装翼台和尾钩

　　然后在机身前端安装螺旋桨，如图 3.6.8 所示，在机身后端套入尾翼翼台。"雷鸟"橡筋动力飞机模型采用"1mm×1mm"的橡筋，将橡筋的两端对齐并系好橡筋结，然后绕 4 圈，最后将橡筋安装到机身，有橡筋结的一端安装在尾钩处，另一端安装到螺旋桨基座的金属钩上。

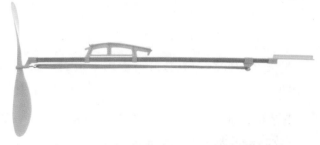

图 3.6.8　安装螺旋桨、橡筋和尾翼翼台

　　也可以对橡筋进行清洗，添加润滑剂，然后进行预拉伸和预绕，在进行橡筋动力绕圈时边拉伸边缠绕，以提高橡筋的最大缠绕转数。同时可以在螺旋桨的金属旋转轴上添加润滑剂，提高螺旋桨旋转的润滑度，减小旋转阻力。

2. 安装尾翼

　　先在尾翼翼台的下方和左侧分别粘贴上双面胶，然后将水平尾翼和垂直尾翼粘贴到相应位置，如图 3.6.9 所示。

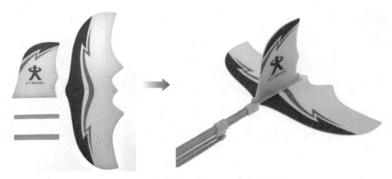

图 3.6.9　安装垂直尾翼和水平尾翼

3. 制作机翼（设计翼型、添加"好扭"）

取出机翼，检查并调整翼面，使之平整无扭曲。观察机翼有图案的一面，其表面有一条横向压痕,用中性笔分别在翼面上轻轻画出三条辅助线,如图3.6.10所示。中间的一条线沿着压痕画出，最前面的辅助线平分压痕线和机翼前缘，最后面的辅助线在距离压痕线5mm的位置处画出，辅助线用于机翼翼型的设计。

图 3.6.10　绘制辅助线

用剪刀将左右机翼从中间裁剪处分开，取出右机翼，在机翼无图案的一面画三条参考线，如图3.6.11所示，用于"好扭"的设计，其中竖线沿着纵向压痕线画出，后缘 $\frac{1}{3}$ 翼弦位置的参考线距离后缘约2.3cm，后缘 $\frac{1}{2}$ 翼弦位置的参考线距离后缘约3.5cm，这两条参考线的长度都是5cm。

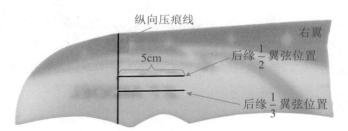

图 3.6.11　绘制"好扭"参考线

取出机翼，沿着三条辅助线进行翼型设计，左手轻捏机翼，右手食指沿着辅助线方向垫在下方，大拇指下压翼面，向食指弯曲，然后依次完成每条辅助线上的翼型设计，如图3.6.12所示。再对另一个机翼进行翼型设计，在翼型设计时，左右翼面的弯曲幅度要相同，翼型设计完成后，对比两个机翼，保证左右机翼的对称。

将翼尖沿着纵向压痕向上弯折并维持10s以上，让翼尖上反角初步定型，再取出对应机翼的定型片（定型片有正反），在有凸点的一面贴上双面胶，然后将定型片粘贴到翼面下方、

图 3.6.12　翼型设计

翼尖弯折的裂口处，如图 3.6.13 和图 3.6.14 所示，粘贴时需保证定型片的凸点刚刚嵌入裂口中，且定型片的前边缘与机翼前缘平行、相距 1mm，这样可以让机翼拥有良好的上反角。用同样的方法安装另一个机翼的定型片。

图 3.6.13　定型片

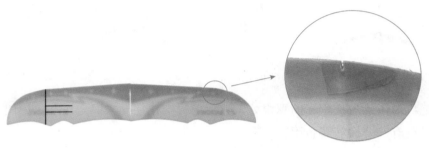

图 3.6.14　粘贴定型片

机翼设计好以后，检查机翼的对称性和上反角，如果发现上反角偏小，可用手弯折机翼纵向压痕的后缘，如图 3.6.15 所示，以增大机翼的上反角。

图 3.6.15　调整机翼的上反角

4. 安装机翼

如图 3.6.16 所示，在翼台粘贴双面胶，取出左翼（或右翼），用手轻轻抓住机翼的前缘和后缘，然后将机翼后缘抬高，翼根处的前缘对准翼台的左前端并粘贴，然后后缘渐渐贴近翼台并不断调整机翼的角度，提高机翼与翼台粘贴的吻合度，最后将机翼后缘粘贴到翼台后边缘的位置，这时候机翼的中间部位拱起，暂未粘贴到翼台上，应避免触碰。再用同样的方法安装另一个机翼，安装完成后，将左右机翼未粘贴的部位向中间挤压并粘贴固定，减小两机翼之间的缝隙，同时可让机翼拥有较大的上反角。最后对机翼的粘贴部位进行施压，使其粘贴牢固。

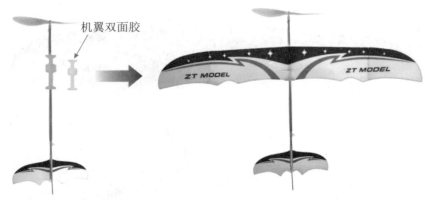

图 3.6.16　安装机翼

把机翼压片压在机翼的翼根处，然后用一个橡筋圈来固定压片，如图 3.6.17 所示，还有一个橡筋圈备用。

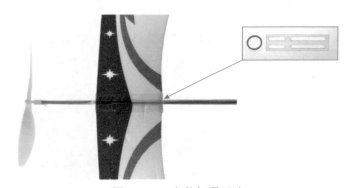

图 3.6.17　安装机翼压片

5. 添加右拉力线和右舵

"雷鸟"橡筋动力飞机模型的右拉力线是通过用手稍稍向右掰动由塑料制成的螺旋桨固定基座，让塑料部件发生微小形变，从而保证螺旋桨右拉角为 1°～3°，宜小不宜大。右拉力线的具体添加方法与"翔鹰号"橡筋动力飞机模型相同，具体参见 3.5 节。

右拉力线可以增大模型在爬升阶段的右转趋势，使模型以小半径右盘旋爬升，提高模型爬升过程的稳定性。但是在无动力滑翔阶段，右拉力线的作用消失，若要让模型继续右盘旋飞行，还需要添加微小的右舵，方向舵的右偏角为 1°～5°，不宜过大。

6. 模型改进设计

对模型进行合理的减重和减阻可有效提高留空时间，例如，可去除模型的机翼压片及压片上的橡筋圈，将机身木条削得细一点，添加润滑剂，等等，这些方法都可以起到有效的减重效果。为了减小飞行的阻力，可以对机翼前缘、尾翼安定面进行打磨，让边缘更圆滑，将机翼下方、后缘部位打磨得薄一点。但在打磨时要时刻关注模型的对称性和完整性，不可将机翼打磨变形或破损。

模型的原装橡筋为"1mm×1mm"、质量约2.3g的国产橡筋，为了提升动力性能，还可以使用进口橡筋，经实践，可选择"1mm×1mm"、质量约2.8g的进口橡筋，对进口橡筋添加润滑剂并缠绕3圈，最后安装到模型上，同时可将尾钩移到最尾端，如图3.6.18所示，以安装后刚刚被拉直（几乎无伸长）或略带一点弧度为宜。

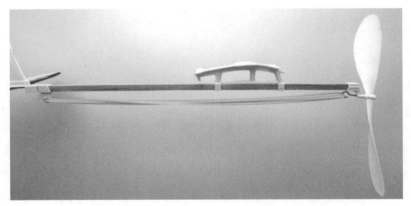

图 3.6.18　安装进口橡筋（橡筋略带有弧度）

7. 模型检查（每一次放飞之前都需要进行检查）

正视模型并进行检查，如图3.6.19所示，在模型的对称性良好的情况下，给右翼添加"好扭"，右手持机身，左手抓住"好扭"参考线所在的机翼前缘和后缘位置，前缘向上扭转，后缘向下扭转，松开左手之后，再次正视模型，当机翼前缘投影在后缘 $\frac{1}{3}$ 翼弦位置和后缘 $\frac{1}{2}$ 翼弦位置的参考线之间，即"好扭"设计完成。

图 3.6.19　正视模型

"雷鸟"橡筋动力飞机模型是制作难度较大的模型，包含翼型、"好扭"、右拉力线、上反角等设计，对模型的制作和调试要求都很高。所以为了提高放飞的成功率，在制作时一定要精心设计模型的各部分，机翼和尾翼要粘贴牢固，翼台和尾钩的位置正确且不易滑动，翼台无晃动现象，翼型设计对称，尾翼无侧倾，"好扭"和右拉力线的添加宜小不宜大，机翼拥有良好的上反角，上反角不可偏小。右舵可暂不添加，根据试飞的状态再适当调整。

3.6.3　模型放飞

1. 小动力试飞

将"雷鸟"橡筋动力飞机模型缠绕 150 ～ 200 转的橡筋动力，然后用合适的力量水平掷出，模型以小半径右盘旋快速向高处爬升。当无动力滑翔时，若模型出现右盘旋飞行，这时候可不用调整方向舵，若模型右盘旋时有明显的右翼倾斜或同时下滑过快，这时需要检查模型，在其他正常的情况下，将方向舵向左偏移，然后再次试飞，直至模型正常飞行。若模型在滑翔时左盘旋飞行，检查模型，在其他正常的情况下，将方向舵微微向右调，直到模型能够正常飞行。若无动力滑翔是左盘旋且飞行高度下降缓慢，也可不必调整方向舵。

2. 大动力放飞

给橡筋添加润滑剂，并对橡筋进行预拉伸，缠绕时先将橡筋拉长，然后缠绕 400 转左右。在缠绕过程中，需要根据缠绕转数和橡筋拉力变化来逐渐缩短橡筋的长度。若橡筋处理得当，缠绕熟练且经验丰富，原装橡筋最大缠绕转数可超过 500 转。

由于模型添加了"好扭"和右拉力线，对气流有很好的适应能力，所以只要各部分设计正确，模型基本能够正常飞行。很多时候模型不能正常飞行是因为制作不够精细或检查不到位，当以上问题解决后，模型有时候会出现右盘旋不上升或右盘旋下坠现象，这时可通过调整方向舵（左调），必要时还可以调整升降舵（上调）或翼台的位置（前移）。需要注意的是，每次只能调整一部分，且每次调整幅度不宜过大。

很多时候模型放飞还存在一定的偶然性，例如各种气流的干扰会造成模型出现不同的问题，所以有时候会看到模型在空中"随风荡漾"，时而上升，时而下降，更糟糕的是会导致模型难以爬升或直接坠地。所以在平时训练时，尤其在有风天气，不能根据一次试飞来判定模型出现各种飞行状态的原因，必要时需要根据多次试飞的结果做判断。

在放飞大动力模型时，手掷时要求模型的抬头角度大于 30°，朝向风向略微偏左一点，右翼倾斜至右翼面水平。若手掷方法不正确也会对模型的放飞产生很大影响，例如手掷力量过小会导致模型摇摇晃晃平飞，或低头飞行一段时间后才能正常爬升，手掷方向和角度不好会导致模型无法正常放飞，甚至直接坠地。

若初次进行大动力模型放飞，手掷时可尝试水平且以较大的力量将模型掷出，随着手掷经验的积累，慢慢学会根据螺旋桨动力大小来确定模型抬头的角度，这需要放飞经验的积累和不断体会。

若能够设计一架性能优良的模型，第一次试飞便可翱翔于蓝天，说明你是一名优秀的航空模型设计者；若能够将任何一架模型（如机翼有扭曲，模型不对称，飞行不上升，坠地等）通过检视、调整和试飞，并根据飞行姿态进行再调整、试飞，经过两三次的尝试，最后让模型能够成功放飞，说明你是一名优秀的"飞行员"。正所谓能够把最糟糕的模型飞上天才是最高的放飞水平。

有人说，高水平的航空模型都是摔出来的，航空模型的学习是在经历各种各样的失败并不断总结的过程中提高的。

3.6.4 模型竞赛

"雷鸟"橡筋动力飞机模型是常年的竞时比赛项目，比的是留空时间，比赛分两轮,按两轮飞行的总时间进行排名.模型的制作时间约30min,含调试时间。由于制作时间有限，比赛对参赛者的制作和放飞的水平要求都非常高，需要大量的制作和调试放飞的练习。

在制作阶段，一般只对橡筋做简单处理，不进行清洗。先检查橡筋有无"毛刺"，然后直接添加润滑剂，其他制作与常规步骤相同。通常优先制作一架做工精良的模型，制作好以后，只对模型添加右拉力线和"好扭"，暂不添加右舵。另外，在时间允许的情况下可尝试制作第二架模型备用，制作第二架模型的过程中要保护好已制作的模型。

在调试阶段，优先选择开阔区域的上风区，地面无沙粒和尘土，避免模型触地时橡筋沾染灰尘。首先充分检查模型，确定各部分正常，再将螺旋桨缠绕约 200 转，等待风速较小时将模型掷出，仔细观察模型的姿态和飞行轨迹。当模型落地时，迅速拾起，根据飞行状态对模型进行调整，一般来说，只要制作良好，大多数情况下模型首次试飞即可正常飞行，最多再经过一次调整和试飞，即可正常飞行。但需要注意的是，模型只要经过调整，就一定需要再次试飞。

在模型的"好扭"、上反角、右拉力线、翼型和翼台位置等部分都正常的情况下，试飞中常见的飞行状态有：在爬升阶段，可能出现右盘旋不上升、右盘旋下坠、右盘旋第一圈下沉后又正常飞行，等等，其中"右盘旋不上升"和"右盘旋下坠"通常可通过调整方向舵来解决，必要时需重新调整机翼和翼台位置；而"右盘旋第一圈下沉后又正常飞行"是因为"好扭"偏大所致，只需要适当减小翼尖扭转的角度即可。在滑翔阶段，可能出现左盘旋、右翼倾斜明显、右盘旋半径过小、右盘旋高度下降过快，等等。对于"左盘旋"，只要模型能缓慢滑翔，可不用调整；"右翼倾斜明显""右盘旋半径过小"和"右盘旋高度下降过快"通常可以通过调整方向舵解决，必要时需重新调整机翼和翼台位置。

当万事俱备时，可能还有一个不确定因素会导致模型难以成功放飞，那就是风。"雷鸟"橡筋动力飞机模型很轻小，抗风能力弱，在大风天气放飞需要一定的运气。为了让运气更好，需把握时机，手持模型等待，当风速降低到合适的大小时立即出手，让模型迅速爬升到 10m 以上的高度，这时候模型就比较安全了。若等不到较小的风速，可将模型水平掷出，可有效避免大风将模型直接吹翻；若风速过大，首先需保护好模型，然后将模型顺风用力掷出。

在实际训练和比赛中，很多问题是由于模型制作不够好导致的，只要按标准制作，做工精良，手掷方法正确，在气流无干扰的情况下，模型基本能够成功飞行。

3.7 "天巡"橡筋动力双翼飞机模型

3.7.1 双翼飞机

双翼飞机是拥有两副机翼的固定翼飞机，机翼采用上下并列布局，上下机翼之间用支柱和线连成一个承重整体，组成一个空间桁架结构。如图 3.7.1 所示，在飞机发展初期，发动机功率低、重量大，建造飞机的材料大多是木材和布料。为了提高升力，需要较大面积的机翼，以适应低速飞行。莱特兄弟发明的就是双翼飞机。

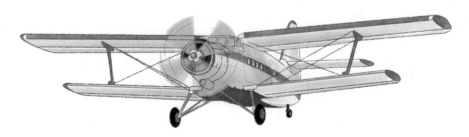

图 3.7.1　双翼飞机

随着高强度材料的诞生，飞机的飞行速度不断提高，而双翼飞机却有着较大的阻力，这成为提高速度的主要障碍，在现代飞机中，除对载重量和低速性能有特殊要求的小型飞机外，双翼机已不多见。"天巡"橡筋动力飞机模型采用双翼设计，翼展为 48cm，机长为 42cm，如图 3.7.2 所示，飞行时间最长可超过 60s。

图 3.7.2 "天巡"橡筋动力双翼飞机模型

3.7.2 模型制作

器材："天巡"橡筋动力双翼飞机模型、润滑剂、刻度尺、中性皂。

取出木质机身，先将翼台插入机身，如图 3.7.3 所示，翼台距离机身前端 7.5cm，并做标记。然后将起落架插入螺旋桨基座的方孔内，再把机身前端插入螺旋桨基座中。最后从机身尾部套入尾钩，在机身尾部安装尾翼底座，尾钩紧贴尾翼底座。

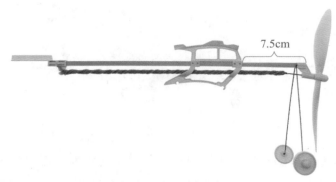

图 3.7.3 组装机身和橡筋

模型采用"1mm×1mm"的橡筋，取出橡筋，将橡筋的两端对齐并系好橡筋结，然后绕 6 圈，最后将橡筋从翼台中间的圆孔穿入并安装到机身，有橡筋结的一端安装在尾钩处，另一端安装到螺旋桨基座的金属钩上。若要提高橡筋的动力性能，也可以对橡筋进行清洗，添加润滑剂，预拉伸和预绕，更换进口橡筋，等等，以提高橡筋的最大缠绕转数。

将两个细长的双面胶取出，如图 3.7.4 所示，分别粘贴到尾翼底座的下方和左侧，然后在尾翼底座的左侧粘贴垂直尾翼，在下方粘贴水平尾翼。

图 3.7.4　组装尾翼

"天巡"橡筋动力双翼飞机模型有上下两层机翼，翼展大的为上机翼，翼展小的为下机翼，取出上机翼和下机翼，然后进行翼型设计，可按照机翼表面的压痕进行弯折来设计翼型，也可以参照 3.5 节的内容进行设计。

在上翼台的上表面和下翼台的下表面分别贴上翼台胶片，如图 3.7.5 所示，然后把大的机翼粘贴到上翼台，把小的机翼粘贴到下翼台。

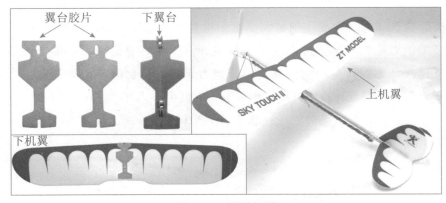

图 3.7.5　粘贴机翼

将上翼台和下翼台的前端扣在一起，再把两翼台的尾端扣在一起，完成翼台的组装，最后安装机翼支撑杆，上、下机翼的左右各有小孔，如图 3.7.6 所示。将支撑杆的两端插在上下机翼之间，用于连接和固定上下机翼。支撑杆安装好后，在各个支撑杆两端按入压片进行固定，完成模型的制作，如图 3.7.7 所示。

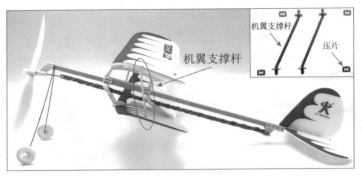

图 3.7.6　组装机翼

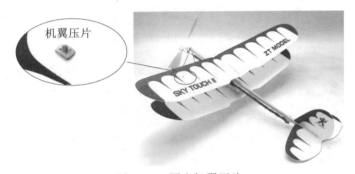

图 3.7.7　固定机翼压片

　　模型检查（每一次放飞前都需要重新检查）。正视模型，如图 3.7.8 所示，检查模型的对称性和牢固性，由于双翼设计，机翼容易出现不对称，必要时需要进行再次调整。检查模型的翼台位置是否正确，然后给模型添加右拉力线，由于模型采用双翼设计，其机翼结构复杂，所以可不添加"好扭"。初次试飞时，暂不添加右舵，根据试飞后的飞行状态再适当调整方向舵。

图 3.7.8　正视模型

　　模型添加了右拉力线后，在爬升阶段，会以较小的盘旋半径迅速爬升，一般不会出现过大角度爬升至减速低头和拉翻等现象。若出现这类现象，多是右拉力线的角度调整不足所致。

3.7.3　模型放飞

先进行小动力试飞，将橡筋绕 100 转左右，将模型水平或略微抬头一定的角度，然后迎风掷出。若模型能够稳定右盘旋飞行，盘旋半径较大，机翼无明显右倾，橡筋动力释放结束后，模型能够右盘旋平稳滑翔，则说明飞行正常，若模型出现波状飞行、盘旋半径小、机翼右倾明显、爬升不明显，出现过大角度爬升至减速低头和拉翻等其他的飞行状态，大多数情况下，可通过调整翼台位置和方向舵来进行改进，必要时还需要再次检查右拉力线、机翼翼型和对称性，以及整个飞行设计是否正常。例如，模型右盘旋半径较小，机翼右倾明显，这有可能是右舵偏大或机翼不对称导致的，可检查相应位置并进行适当调整，直至以较大的半径右盘旋缓慢滑翔。模型滑翔时下沉速度快，这可能是翼台位置偏向机身后方，可适当将翼台前移来进行改善。小动力试飞成功后，可进行 200 转以上的大动力飞行。

3.7.4　拓展阅读——飞机的飞行阻力

飞机在空中飞行，不仅会获得升力，也会受到来自空气的各种各样的阻力，其中的一部分阻力来源于空气的黏性——摩擦阻力，也叫作粘滞阻力，另一部分来源于飞机前后的压力差——压差阻力，还有一部分是由飞机升力在翼尖产生的诱导阻力。

空气与物体之间的摩擦阻力与物体表面光滑程度、物体表面气流情况有关。物体表面越光滑，摩擦阻力越小。

当物体运动时，气流流过物体的表面，物体前面的压强大，后面的压强小，物体前后表面的压强差所产生的阻力就是压差阻力。压差阻力同物体的迎风面积、形状和气流中的位置有关，如图 3.7.9 所示。其中由一块圆形平板产生的压差阻力最大；在平板前面添加一个圆锥体，物体的迎风面积没变，但形状变了，物体的压差阻力会变小；在平板后面再加上一个细长的圆锥体，实验证明这样物体的压差阻力更小。运动中的飞机，机身和机翼的前后都存在压力差，所以飞机的飞行也有一定的压差阻力。

阻力（大）　　　　　　阻力（中）　　　　　　阻力（小）

图 3.7.9　各种物体形状的压差阻力

　　升力来源于机翼上、下表面的压强差，机翼下表面的气压高于上表面的气压，机翼下表面的高压气流就会自下而上绕过翼梢流向机翼的上表面，形成强烈的旋涡气流，如图 3.7.10 所示。这样既减小了升力，也产生了阻力，浪费了很多能量，这就是诱导阻力。实践表明，诱导阻力的大小与机翼的升力和展弦比有很大关系。升力越大，诱导阻力越大。展弦比越大，即机翼越长越窄，诱导阻力越小。

翼尖涡流

图 3.7.10　翼尖涡流

　　对巡航的大飞机而言，诱导阻力约占飞机总阻力的 40%，在飞机爬升时会占总阻力的一半以上，有时可达 70%。所以当大飞机爬升经过云层时，翼尖涡流会将云中的水汽卷起来，这时候的翼尖涡流肉眼可见，如图 3.7.11 所示。

　　为了削弱翼尖涡流，减小诱导阻力，可以在翼尖位置添加竖起的小翼，也叫翼梢小翼，如图 3.7.12 所示。现在很多大飞机都设计了翼梢小翼。翼梢小翼可以阻挡由机翼下表面绕到上表面的气流，同时翼梢小翼本身也是个小机翼，也能产生翼尖涡流。通过对翼梢小翼进行合理的设计，让翼梢小翼产生的涡流与主机翼产生的涡流方向相反，这两股涡流相互影响和抵消，进一步减少诱导阻力。通过风洞实验和飞行实验发现翼梢小翼能使整个飞机的诱导阻力减小20% ～ 35%。

图 3.7.11　翼尖涡流

图 3.7.12　翼梢小翼

　　秋天到了，北方即将到来的寒冷的冬天不适宜大雁的生存，成群结队的大雁便开始飞往南方。若仰望天空，便时常可以看到成群的大雁南飞，一会儿排成"人"字形，如图 3.7.13 所示，一会排成斜的"一"字形。大雁的飞行速度很快，一般为 68 ～ 90km/h，但几千千米的南飞旅程也需要一两个月的时间。如此长距离的飞行，仅靠一只大雁的力量是远远不够的，而它们排成各种队形的飞行便是它们相互帮助的最好策略，这是因为"人"字形或斜"一"字形恰好可以让后面的大雁处于前面那只大雁产生的向上的翼尖涡流中，帮助后面的大雁飞行，节省后面的大雁的体能，以此实现它们长距离的飞行。

图 3.7.13　大雁排成"人"字形

第 4 章

电动飞机模型

经历了手掷动力、橡筋动力，人们总在尝试给航空模型提供更持久的飞行动力，电作为一种清洁能源，方便易用，将电应用到航空模型上，可以让航空模型获得更持久的动力和更长的飞行时间。开启电源，电机带动螺旋桨高速旋转，电机的嗡嗡声和螺旋桨的呼啸声总能让放飞者急不可待。

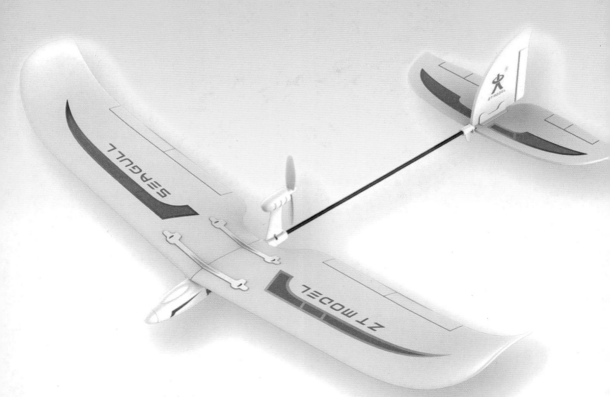

4.1　纸飞机

一张纸在手指间折来折去，千变万化，可以是一只小船，在水面上随波逐流；可以是一个风车，在风中欢乐地旋转；也可以是一架纸飞机（图 4.1.1），在空中乘风直上。

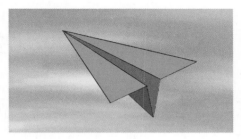

图 4.1.1　纸飞机

一张纸可以折成各种各样的纸飞机，但不同纸飞机的主体结构大多相似。折一架纸飞机，首先需要选择一张合适的纸，纸张不宜偏厚，要有一定的硬度，可使纸飞机在飞行时机翼保持固定形态。

每架能够成功飞行的纸飞机都符合一定的科学原理，例如机翼形状、机翼的对称结构、机身的配重、机翼尾部的上翘角度，等等。通过纸飞机的学习，获得以上知识的感性认识，通过制作和飞行，体验物理和科学的奥秘。

4.1.1　模型制作

器材：A4 纸、透明胶带、直尺、笔。

纸飞机设计一

选择一张普通的长方形 A4 纸，A4 纸的长宽为 29.7cm×21cm，如图 4.1.2 所示，将 A4 纸的上下边对折并展开；将左上角和左下角分别与中心线对折，如图 4.1.3 所示。

将左边的三角形翻折到右边，如图 4.1.4 所示，然后再将左上角和左下角分别对折到中心线上，如图 4.1.5 所示。

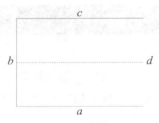

图 4.1.2　上下边对折

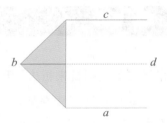

图 4.1.3　左上角和左下角分别与中心线对折

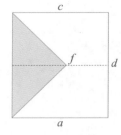

图 4.1.4　左边三角形向右翻折

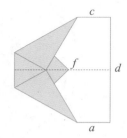

图 4.1.5　左上角和左下角分别对折到中心线上

将图 4.1.5 中的 f 点向左翻折，压住中心线上的两个直角点，如图 4.1.6 所示；然后将上下边向里侧对折，如图 4.1.7 所示。

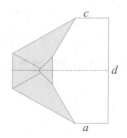

图 4.1.6　向左翻折 f 点

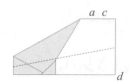

图 4.1.7　上下边向里侧对折

最后将 a 边和 c 边沿虚线分别向外侧翻折，至此一架纸飞机制作完成，如图 4.1.8 所示，可用透明胶带固定机身的上方和下方。

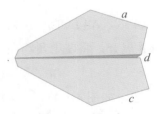

图 4.1.8　纸飞机

纸飞机设计二

取出一张 A4 纸，将纸的上边与下边对折，压出折痕并展开，如图 4.1.9 所示。然后将纸的左边与下边对折并压出折痕后展开，纸的左边与上边对折并压出折痕后展开。

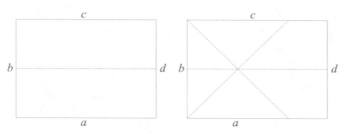

图 4.1.9　对折并展开

将纸的下边与左倾的对角线对折，纸的上边与右倾的对角线对折，如图 4.1.10 所示。然后将纸的左边沿虚线向右翻转对折。

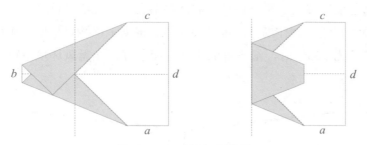

图 4.1.10　对折与右翻折

将纸的左下边与左倾的对角线对折，纸的左上边与右倾的对角线对折，如图 4.1.11 所示。然后将 f 边沿虚线向左翻折。

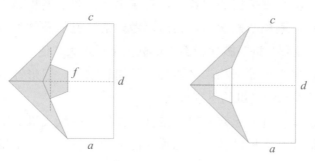

图 4.1.11　对折与左翻折

将纸的上边与下边对折，然后将 a 边和 c 边分别沿虚线向两侧外翻折，并使 a 边和 c 边分别与 d 直角对齐，如图 4.1.12 所示。最后再将 a 边和 c 边向外侧翻折约 90°，折出纸飞机的左翼和右翼，至此一架纸飞机制作完成，可用透明胶带固定机身的上方和下方。

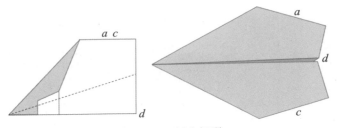

图 4.1.12　折出机翼

机翼的形状对纸飞机的飞行性能和姿态起着决定性作用，翼展宽大的机翼适合长时间的滑翔，而翼展小的纸飞机由于有很高的机身作为垂直尾翼，方向性好，容易沿直线飞行。正视纸飞机，两侧机翼翼尖微微翘起，机翼呈 V 字形。两侧机翼翘起的高度要一致，保持左右严格对称，这是纸飞机平稳飞行的关键。所以在折叠时需注意制作的精准度和对称性，根据多次测试，如图 4.1.13 所示，当机翼间夹角为 165° 时，纸飞机的飞行性能最好，在无风环境下可飞出几十米远的距离。

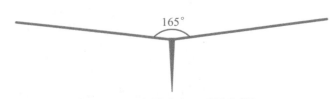

图 4.1.13　机翼夹角（正视飞机）

机身是纸飞机手掷抓握的位置，机身越窄，机翼的面积越大。**机头**设计时需要考虑牢固性，避免一撞就坏。还需要考虑纸飞机的整体配重，控制纸飞机的重心在合适的位置，机头多次折叠，让机头重量增大，使纸飞机的重心前移，这样纸飞机可以飞得更加平稳，必要时可使用订书钉、回形针等材料对机头做进一步配重，以提高纸飞机的飞行效果。

垂直尾翼在纸飞机上起着方向稳定性的作用，给纸飞机加上垂直尾翼可让其飞得更直，很多纸飞机没有垂直尾翼也能成功飞行，其实是机身起了一定的作用。

由于纸飞机没有水平尾翼，可通过调整机翼后缘来控制纸飞机的升降，将两侧机翼后缘分别剪开，剪出的小长方形区域可作为纸飞机的升降舵，如图4.1.14所示。若升降舵向上偏折或微微向上翘起，纸飞机抬头向上飞，有时候也可以不用剪刀裁剪，直接用手将机翼后缘向上弯折，也可以起到控制纸飞机升降的作用。

对于大翼面的纸飞机，为了提高滑翔性能，可将机翼翼尖沿虚线向上折起一小段，如图4.1.15所示。这样可以减小纸飞机的旋转，增强飞行稳定性。

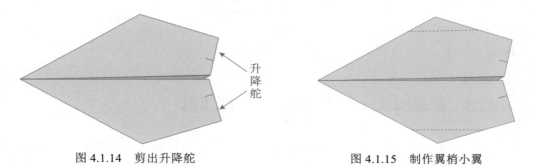

升降舵

图4.1.14 剪出升降舵　　　　　　　　图4.1.15 制作翼梢小翼

4.1.2　模型放飞

正视纸飞机，检查纸飞机的对称性和制作精度，纸飞机的对称性越好，制作精度越高，越容易实现高水平的飞行。

选择无风或微风的天气，以及开阔平坦的场地，手持纸飞机机身的位置，将纸飞机迎风斜向上45°掷出，观察纸飞机的飞行姿态和轨迹。若纸飞机能够沿直线飞行较长的一段距离，高度下降缓慢，则飞行正常。若出现以下的飞行情况，则需根据具体的飞行状态作出相应的调整。

若纸飞机出现波状飞行，将升降舵向下偏折；若下降过快，飞行距离短，将升降舵向上偏折。若向右转弯飞行，将左侧的升降舵微微向上调整；若向左转弯飞行，将右侧的升降舵微微向上调整。

若要纸飞机能够在空中取得最大的留空时间，手掷时可让纸飞机获得更大的高度，适当增大纸飞机的手掷角度，如图4.1.16所示，通过以下手掷方式，可看到纸飞机几乎竖直向上快速上升，当上升到最高点时，纸飞机又开始缓慢滑翔，最终缓缓落地。

图 4.1.16　手掷方法

4.1.3　拓展阅读——"空中之王"纸飞机

为了让纸飞机能够在空中滑翔更长的时间，需要增大纸飞机的翼面，在机翼两端设计翼梢小翼，减小飞行阻力。

选择一张普通的长方形 A4 纸，如图 4.1.17 所示，将 A4 纸的上下边对折并展开；将左上角和左下角分别与中心线对折，如图 4.1.18 所示。

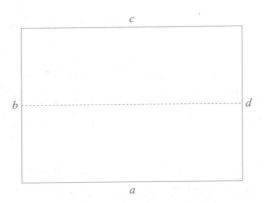

图 4.1.17　上下边对折后展开

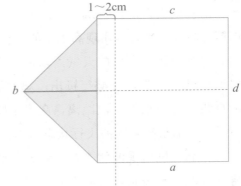

图 4.1.18　左上角与左下角向中心线对折

将左边部分沿竖的虚线向右翻折，如图 4.1.19 所示，然后将左上角与左下角分别向横的虚线对折，压出折痕后展开，再将左上角与右倾的虚线对折，左下角与左倾的虚线对折，如图 4.1.20 所示。

将左上角沿右倾的虚线向下翻折，左下角沿左倾的虚线向上翻折，如图 4.1.21

所示，然后将左边尖角部分沿竖的虚线向右侧的 e 点翻折，对折后按出压痕再展开，之后将上边沿与下边沿向内侧对折，如图 4.1.22 所示，对折后将左边沿沿左倾的虚线翻折，翻折后按出压痕再展开。

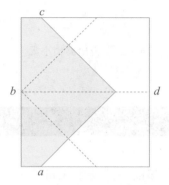

图 4.1.19　左边沿竖虚线向右翻折

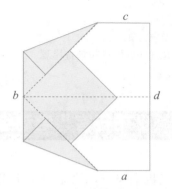

图 4.1.20　左上角与左下角分别向虚线对折

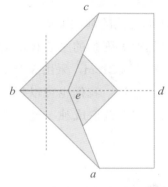

图 4.1.21　左边尖角部分与 e 点对折后展开

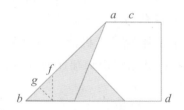

图 4.1.22　上边沿与下边沿对折

　　将左端展开并折叠，如图 4.1.23 所示，折好后将左端沿 f 虚线向两侧翻折，如图 4.1.24 所示，之后再将 a 边和 c 边向两侧沿横的虚线向外翻折，右下角沿虚线向内折出，以此作为垂直尾翼，如图 4.1.25 所示，最后在机翼的两侧折出翼梢小翼，至此，一架性能优异的纸飞机制作完成。

　　在放飞时，可根据飞行姿态通过适当调整纸飞机尾部来控制升降，方法是将纸飞机尾部边缘稍稍向上折或向下折，起到升降舵的作用。

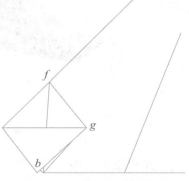

图 4.1.23　纸飞机头部折法

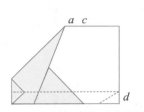

图 4.1.24 折机翼和垂直尾翼

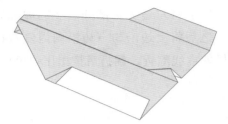

图 4.1.25 折出翼梢小翼

4.2 "飞行客"电动纸飞机

纸飞机的飞行动力来自于手掷的一瞬间，那能不能给纸飞机添加持续的动力呢？发挥我们的想象，用微型电机带动螺旋桨为纸飞机提供持续的推动力，采用质量轻的电源为电机供电，至此，一架电动纸飞机已飞入我们的创造空间。

"飞行客"电动纸飞机如图 4.2.1 所示，是在纸飞机的基础上添加一个动力系统。动力系统的头部是保护装置和电容，尾部是动力强劲的空心杯电动机和推桨。"飞行客"电动纸飞机的翼展为 16.5cm，机长为 21cm，采用 3 节 7 号电池对电容充电 3 ~ 5s，即可让纸飞机飞行数十秒。当然，我们也可以折出自己心目中最棒的纸飞机，与动力系统结合，把"飞行客"改造成独一无二的电动纸飞机，让它自由翱翔在天空中。

图 4.2.1 "飞行客"电动纸飞机

我们还可以进一步发挥创造力，不仅希望纸飞机能够获得持续的飞行动力，还希望它在飞行过程中能够被遥控，这一步的实现还需要遥控系统等器材。

4.2.1　电动纸飞机原理

"飞行客"电动纸飞机的动力系统主要由电机、螺旋桨、储电元件、电路等部分组成，如图 4.2.2 所示。

电容器

电机

图 4.2.2　动力系统

"飞行客"电动纸飞机的储电元件采用的是电容器。两个相互靠近的导电板之间夹一层不导电的绝缘介质，这就构成了电容器，如图 4.2.3 所示。当电容器的两个导电板之间加上电压时，电容器就会储存电荷。

使电容器带电（储存电荷）的过程称为充电。把电容器的一个导电板接电源的正极，另一个导电板接负极，两个导电板就分别带上了等量的异种电荷。充电后电容器的两个极板之间就有了电场，充电过程就是把从电源获得的电能储存在电容器中。

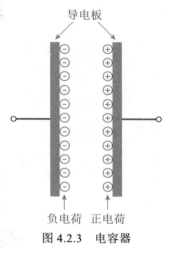

导电板

负电荷　正电荷

图 4.2.3　电容器

使充电后的电容器失去电荷（释放电荷）的过程称为放电。例如，用一根导线把电容器的两极接通，两极上的电荷互相中和，电容器就会放出电荷和电能。放电后电容器的两个极板之间的电场消失，电能转换为其他形式的能。

4.2.2　模型制作

器材："飞行客"电动纸飞机、透明胶带、A4 纸、螺丝刀、3 节 7 号电池。

取出折纸，如图 4.2.4 所示，沿虚线折出纸飞机，必要的地方采用透明胶带加固。

用使用固定片和透明胶片组合对纸飞机进行定型和加固，如图 4.2.5 所示，固定片距离纸飞机头部为 5cm。

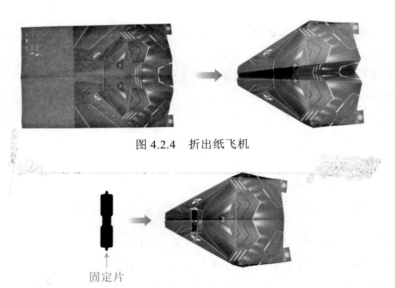

图 4.2.4　折出纸飞机

固定片

图 4.2.5　粘贴固定片

将动力系统从纸飞机的头部推入，如图 4.2.6 所示，让动力系统固定在纸飞机上。

图 4.2.6　安装动力系统

正视纸飞机，如图 4.2.7 所示，检查纸飞机的对称性和精确度，然后调整固定片，让机翼的上反角为 2°～3°，最后将升降舵微微向上偏折。

2°～3°　　　　　　　　　　　　　　　　　　2°～3°

图 4.2.7　纸飞机正视图

给充电器安装 3 节 7 号电池，安装时注意电池的正负极，检查纸飞机，使开关处于关闭状态（OFF 位置），将充电器插入机头进行充电，如图 4.2.8 所示，这时候可以看到机头指示灯逐渐变亮，表示正在充电，当指示灯亮度保持不变时则表示充电完成，必须立即拔出充电器。

图 4.2.8　充电

4.2.3　模型放飞

在无风或微风环境下，打开纸飞机头部的开关（ON 位置），螺旋桨转起，以迎风斜向上 15°～30°将纸飞机轻轻掷出，观察纸飞机的飞行姿态和轨迹，若纸飞机能够以较大的盘旋半径顺时针（或逆时针）平稳爬升，则飞行正常，若出现以下的飞行情况，则需根据具体的飞行状态作出相应的调整。

（1）若纸飞机出现波状飞行，将两侧的升降舵同时向下偏折。

（2）若纸飞机爬升不明显或下滑，将两侧的升降舵同时向上偏折。

（3）若纸飞机向右盘旋的半径过小，右倾明显，难以爬升或者盘旋下降，将机翼右侧的升降舵微微向下调整，左侧的升降舵微微向上调整。

（4）若纸飞机向左盘旋的半径过小，左倾明显，难以爬升或者盘旋下降，将机翼左侧的升降舵微微向下调整，右侧的升降舵微微向上调整。

⊙　**试一试**

取一张 A4 纸，重新折一架不一样的纸飞机，将"飞行客"电动纸飞机的动力系统安装到新折的纸飞机上，通过试飞调整，让纸飞机成功飞行。

4.3　"空中战士Ⅲ"电动线操纵飞机模型

线操纵飞机模型是人类历史上第一种可以直接控制的航空模型，主要由两部分组成：手柄和固定翼飞机模型，手柄和模型之间用线连接。放飞时，操控者手持手柄，通过操控手柄让模型围绕操控者做圆周飞行，同时操控手柄还可以控制模型的升降舵。

"空中战士Ⅲ"电动线操纵飞机模型采用 7.4V（2S）900mA·h 的锂聚合物电池供电，飞行速度可调节，其翼展为 62cm，机长为 46cm，如图 4.3.1 所示，操纵线长为 7m，可进行筋斗、∞字、过顶等多项特技动作。

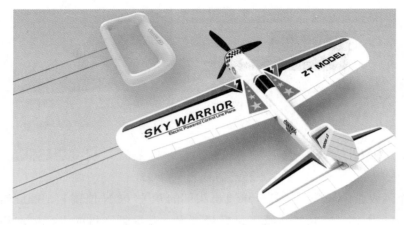

图 4.3.1 "空中战士Ⅲ"电动线操纵飞机模型

4.3.1 模型制作

器材： "空中战士Ⅲ"电动线操纵飞机模型、螺丝刀。

如图 4.3.2 所示，将无刷电机嵌入机头相应位置，然后把调速旋钮插入下机身底部的孔内，调速旋钮上的排线位于机身左侧。然后在旋钮上放入缓冲海绵，再把电子调速器压在海绵上，电子调速器有焊点的一面朝上。把电源线固定到机身右边的凹槽内，并用双面胶固定，电源插槽位于机身右侧，操控线暂移到电子调速器上方。

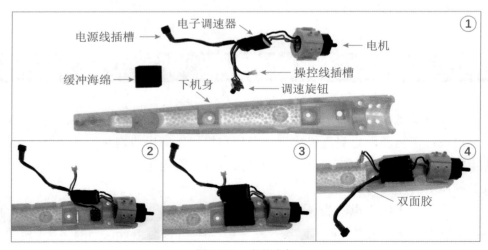

图 4.3.2 安装电机

　　调速旋钮用于设定模型的飞行速度，旋钮刻度为 1～4，表示速度依次增大，调节时需先关闭手柄开关，初次飞行建议使用 1 挡或 2 挡，等熟练后再进入更快的飞行训练。

　　取出机翼和电池，如图 4.3.3 所示，把拉杆钢丝卡入机翼中间的固定扣内，然后将充满电的电池放入机翼的电池仓内。

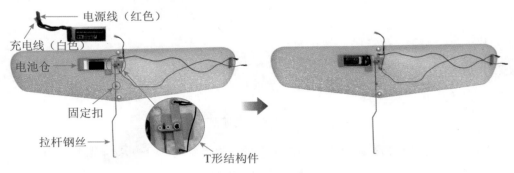

图 4.3.3　安装电池

　　在电池仓右边有个 T 形结构件（图 4.3.3），T 形结构件上有三个排列的小圆孔，可将拉杆钢丝插入其中某一个圆孔中，越靠近右侧的圆孔，拉杆的灵敏度越低。初次飞行建议将拉杆钢丝插入右侧第一个圆孔，这样可以提高飞行的稳定性，利于初学者练习。

　　如图 4.3.4 所示，在下机身安装水平尾翼和机翼，拉杆钢丝的尾端插入水平尾翼摇臂的孔内，将操控线插头与操控线插槽连接。

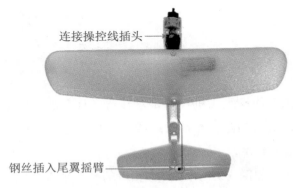

图 4.3.4　安装机翼和水平尾翼

　　在模型水平放置时，水平尾翼上的摇臂有上、中、下三个圆孔，如图 4.3.5 所示。拉杆钢丝可选择任意圆孔插入，孔位选择得越低，升降舵舵量的灵敏度越高，在高灵敏度的操控下，拉杆钢丝拉动微小距离，就可以让升降舵产生很大的偏转幅度，初次放飞建议选择低灵敏度的高孔位。

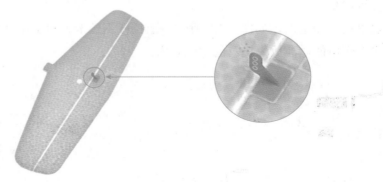

图 4.3.5 水平尾翼摇臂孔位

取出上机身和○形圈，如图 4.3.6 所示，将上机身与下机身安装在一起，然后将○形圈套入机身头部，固定上机身与下机身。

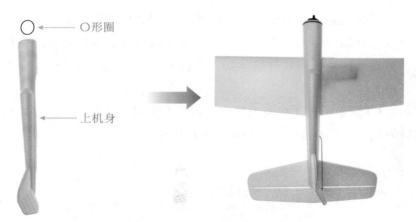

图 4.3.6 安装上机身

"空中战士Ⅲ"线操纵飞机模型是左转弯飞行，观察模型的方向舵，可以发现方向舵偏右，其目的是模型在操纵线的牵引下进行左转向飞行时能够让操纵线始终处于拉紧的状态。

将模型倒过来，如图 4.3.7 所示，在相应的孔内插入对应型号的锁扣，然后用锁扣紧固工具顺时针旋紧，以固定上机身和下机身，最后将电池电源线与电源接线头连接，并把电源线和充电线收纳到电池仓内。组装模型时可暂时断开电源，等即将放飞时再接通电源。

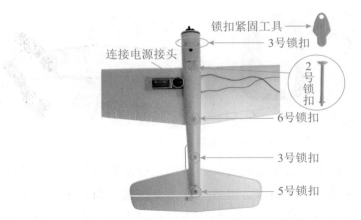

图 4.3.7 固定上机身与下机身

将螺旋桨安装到电机上，然后用螺帽逆时针旋紧螺旋桨，如图 4.3.8 所示，最后再用螺丝刀进一步紧固螺帽。

图 4.3.8 安装螺旋桨

如图 4.3.9 所示，在机身底部分别安装模型的前起落架和后起落架，并确保安装牢固。

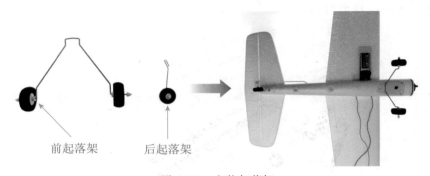

图 4.3.9 安装起落架

如图 4.3.10 所示，先检查手柄开关使其处于关闭状态，然后用螺丝和螺母连接操控线，并套入透明胶套保护连接关节。

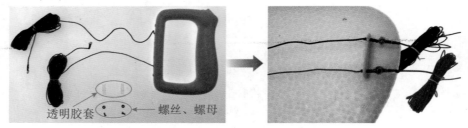

透明胶套 ←——→ 螺丝、螺母

图 4.3.10　安装操控手柄

手柄输出的两个近似平行的操纵线间距是可以调整的，拧开操控手柄上的螺丝，打开手柄，如图 4.3.11 所示。可以手动改变操纵线的间距，操纵线的间距越大，升降舵操控的灵敏度就越大。初次飞行可减小操纵线的间距，降低升降舵的操控灵敏度，减少模型的上下波动，避免误操作。

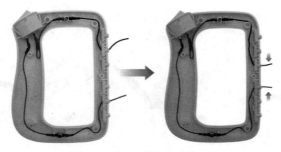

图 4.3.11　调整操纵线间距

利用套装提供的各种图案对模型进行美化，如图 4.3.12 所示，粘贴时不要出现褶皱，以免影响模型的飞行，有些图案也可以按照自己的喜好进行粘贴，以设计出更有个性的模型。

图 4.3.12　粘贴图案

4.3.2 模型放飞

1. 模型测试

操控者右手握住手柄，选择一位助手，助手拿起模型，让操纵者的肩、手柄和模型保持水平并在一条直线上。调整模型与手柄之间的距离，保持两根操纵线平行且刚刚处于拉紧状态。观察升降舵是否为水平状态，若升降舵上偏或下偏，这时候需打开手柄，调节操控线的长短，使升降舵水平，调整方法如图4.3.13所示，可以将多出来的线缠绕在接线柱上。再适当改变手柄的角度，观察升降舵能否做出正常的偏转。

接线柱

图 4.3.13　调整手柄线

2. 起飞准备

线操纵模型的升降是通过手柄和连接模型的两根操纵线来控制的。手持手柄，通过手腕或手臂上抬让手柄后仰，升降舵向上偏移，模型爬升，这个过程称为拉杆。当手柄前倾时，升降舵向下偏移，模型下降，这个过程称为推杆，如图4.3.14所示。若手柄保持正立状态，升降舵水平，模型可保持平飞状态。

拉杆　　　　　　　推杆　　　　　　　正立

图 4.3.14　手柄拉杆、推杆和正立

在无风或微风、地面平整、空间开阔的环境下，寻找合适的站立位置，将模型放置在地面上，手持手柄并保持操纵线拉直，起飞前需确认以操纵线为半径的球面内无障碍物。若在有风环境下，由于线操纵模型的飞行范围较小，而且多以平飞为主，模型的起飞方向可选择顺风。

在线操纵模型放飞时，以左脚前掌为圆心，右脚移动，三步转动一圈，身体保持正直，右臂自然伸直，眼睛向手柄与线的牵引方向看去，视线与手柄、模型形成一条直线，如图4.3.15所示。

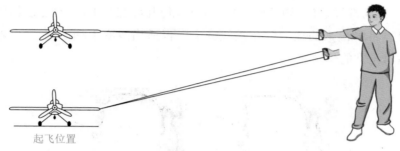

起飞位置

图 4.3.15　起飞准备

3. 模型起飞

在一切准备就绪后，将手臂伸直，手臂与操纵线成一条直线，右手自然握住手柄，模型的升降舵呈水平状态，按下手柄按钮启动电机，模型在地面加速滑跑一段距离后很快就会飞起来。稍微拉一点杆，切忌拉杆不可过大，避免模型被拉翻，让模型以小角度爬升。当模型的飞行高度与肩同高时，再稍微推一点杆，让模型进入平飞状态。需要注意的是，若在飞行中感觉操纵线松弛，可适当后退几步，保持操纵线处于拉紧状态，必要时还可停止飞行，对模型进行检查。

初次试飞一定要避免过度拉杆，过度拉杆会导致模型因过度抬头而拉翻，造成模型坠地损坏。为了飞行安全，起飞时尽量不拉杆或微微拉杆，若发现模型抬头角度偏大，可及时断开电源，适当推杆，让模型平稳落地。然后重新调整杆量和操控方法再次起飞。

4. 平飞

模型顺利起飞后，通过操控手柄，尽可能让模型保持平飞状态。练习一段时间后，可上下摆动手臂（无须摆动手腕），练习不同高度的平飞。

若在有风的环境下放飞，受到风的影响，模型会出现起伏现象，这时候需要及时调整手柄，使模型保持平飞。在逆风时，由于机翼的相对速度增大，升力增加，模型容易升高，提前操控手柄进行推杆。当顺风时，机翼相对速度变小，升力减小，模型容易降低高度，这时候要提前操控手柄进行拉杆，保证模型在整个飞行过程中保持在同一高度。

5. 着陆

当模型进入平飞状态时，关闭电机，紧接着稍微推杆，使模型逐渐降低高度，在距离地面 20 ～ 30cm 时，适当用手腕控制模型，使其保持水平状态，直至成功着陆。

6. 特技飞行

随着飞行水平的提高，可逐渐提高训练的难度，可练习的飞行动作有平飞、波状飞行、超低空飞行、倒飞、正筋斗飞行（图 4.3.16）、倒筋斗飞行、∞字飞行（图 4.3.17）。其中，正筋斗飞行通常可让模型从平飞进入，通过拉杆让模型产生正筋斗飞行的效果，当模型即将再次进入平飞状态时，适当推杆让模型恢复平飞状态。一次正筋斗飞行会让两根操纵线缠绕在一起，一次缠绕不会影响飞机的操控，对于正筋斗产生的操纵线缠绕可通过倒筋斗来解除缠绕。

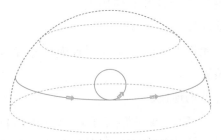

图 4.3.16　正筋斗飞行

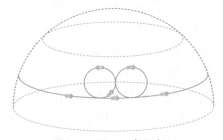

图 4.3.17　∞字飞行

4.3.3　模型竞赛

电动线操纵飞机模型的比赛场地如图 4.3.18 所示，红色 1 号气球高 10cm，系球线距离外圈 150cm；黄色 2 号气球高 20cm，系球线距离外圈 100cm；蓝色 3 号气球高 30cm，系球线距离外圈 50cm；1、2、3 号球在同一径向上，"球高"为系球线的高度。

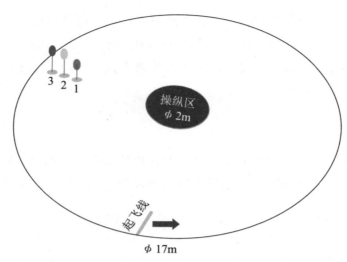

图 4.3.18　"空中战士Ⅲ"线操纵飞机模型积分赛场地示意图

1. 比赛任务

（1）选手操纵模型起飞后依次完成平飞两圈、高平飞两圈、1个正筋斗总计3个飞行任务，每完成一个任务之后分别击爆一个气球，气球直径为 20～25cm，1号球、2号球、3号球分值分别为 50 分、30 分、20 分，最后平稳着陆得 10 分。

（2）模型起飞后至少完成两圈平飞再举手示意开始任务飞行。

（3）完成高平飞任务时，模型的离地高度要大于 3m。

（4）起飞后，模型因故障不能飞行，允许参赛选手本人进行现场修理。

（5）禁止安装刺破气球的任何附加装置。

（6）气球和高平飞标尺杆的摆放位置见场地图。

电动线操纵飞机模型比赛一共两轮，每轮比赛参赛选手进场准备时间为 1min，比赛时间为 2min，比赛以参赛选手举手申请起飞开始计时，至模型着陆静止不动停止计时。允许一名助手进场，但助手不得操纵模型。每轮比赛所得分值之和减去所扣分值为该轮比赛的成绩。

2. 判罚

（1）模型在飞行过程中（着陆除外），触地一次扣 5 分。

（2）模型着陆时参赛选手的脚跨出操纵区域圆圈（包括踩线），着陆时模型机头触地或机腹朝天，着陆为 0 分。

（3）飞行过程中选手双脚同时出操纵区，比赛终止。

优秀的"飞行员"具有较强的飞行驾驭能力，要求操控者有着强健的体魄、敏锐的直觉以及快速的反应能力，在训练中需要加强操控的感觉，学会借助听觉来判断模型的飞行。训练还需遵循由易到难的原则，有目的地进行一些低空、中空、高空的各种动作飞行。例如，低空可进行平飞、波状飞行、超低空飞行、筋斗飞行，等等。中空练习可将低空练习的动作改为中空飞行，高空飞行的练习也是如此，还可以融入更复杂的飞行动作，提高模型的操控能力和熟练度。

4.4 "米奇一号"电动自由飞航空模型

电动自由飞航空模型是以电机作为发动机，依靠电池向电机供电并带动螺旋桨旋转，从而使模型获得飞行的动力。当电量耗尽时，模型滑翔至地面，由于模型没有遥控装置，在空中是不受控制的，始终处于完全"自由"飞行的状态。电动自由飞根据大小和飞行时长设计了多种型号，例如"海鸥"电动自由飞、"小猎鹰"电动自由飞、"米奇一号"电动自由飞和可控时的"米奇二号"电动自由飞，等等，参数如图 4.4.1 所示，其中"米奇一号"电动自由飞和"米奇二号"电动自由飞的尺寸参数相同。这几种模型的放飞方法基本相同，但在初次学习时，可选择翼展较小的电动自由飞进行制作和放飞练习。

模型名称	图片	翼展/cm	机长/cm
"海鸥"电动自由飞		35	32.5
"小猎鹰"电动自由飞		37	34.5
"米奇一号"电动自由飞		53.5	40

图 4.4.1　各种电动自由飞航空模型的参数

以"米奇一号"电动自由飞为例，它属于经典普及型电动自由飞，也是竞赛中常选用的航空模型。在模型的充电器内装入 4 节 5 号电池，然后用充电器为模型充电约 60s，可实现 1min 以上的飞行。

4.4.1　模型制作

器材："米奇一号"电动自由飞、4 节 5 号电池、计时器。

如图 4.4.2 所示，将尾翼底座胶片折角 90°，粘贴到机身尾部的右侧面和下面，将水平尾翼胶片粘贴到尾翼底座下面，然后把尾翼翼台粘贴到机身的下方，再将机身插入模型的头部，最后在头部安装螺旋桨。

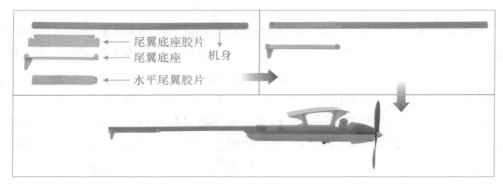

图 4.4.2　安装机身

分别将水平尾翼和垂直尾翼安装到尾翼底座上，如图 4.4.3 所示，然后在机头的下方安装起落架。

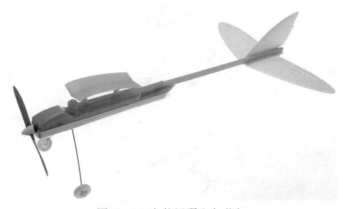

图 4.4.3　安装尾翼和起落架

由于模型翼展较长，需要对机翼进行加强。先分别在两个机翼加强杆的一面粘贴双面胶，如图 4.4.4 所示，然后将这两个机翼加强杆分别粘贴到机翼上，不可粘贴错位。模型机翼已经具备翼型，只需在机翼翼根位置粘贴两个长方形双面胶，然后小心地将机翼粘贴到翼台上，粘贴时需注意精准度和对称性。

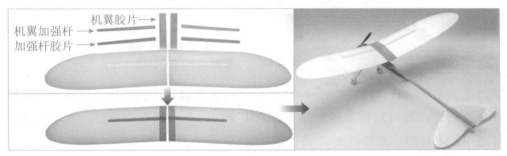

图 4.4.4　安装机翼

最后可按自己的喜好在模型上粘贴图案，如图 4.4.5 所示，粘贴得当的图案不仅可以起到美化的作用，还可以起到加强机翼和减小阻力的作用。

图 4.4.5　粘贴图案

模型的头部装有一个微小的电机和小型的镍氢充电电池，其电路原理如图 4.4.6 所示。当开关 a 和 c 连通时，进入充电过程，使用外部的充电器对模型内部的电池进行充电；当开关 a 和 b 连通时，进入放电过程，电机带动螺旋桨旋转使模型在空中飞行。

电动自由飞在出厂时一般会存有 30% 的电量，在首次充电之前最好将电量全部放完。将开关拨至 ON 的位置，让螺旋桨旋转至停止，则放电结束，然后再将开关拨至 RESET 的位置。选择 4 节 5 号电池，将电池安装到充电器中，安

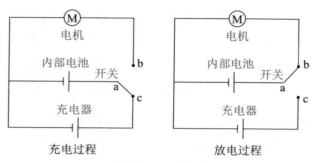

图 4.4.6　电路图

装时注意电池的正负极，如图 4.4.7 所示。将充电器对接到机头充电端，然后按下充电按钮，即可对模型进行充电。充电完成时，松开充电按钮，充电过程中可采用秒表计时，避免过充。

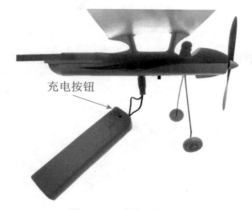

图 4.4.7　安装充电器

　　对模型进行检查（每一次放飞前都需要进行检查）。正视模型，如图 4.4.8 所示，检查模型的对称性、牢固性和精准度，对于有问题的部位进行调整，直至模型满足放飞要求。

图 4.4.8　正视模型

4.4.2 模型放飞

1. 手掷试飞

选择无风或微风的天气以及空旷平坦的场地，在首次放飞前先进行手掷试飞，手持机头重心的位置，模型左右水平、机头微微下倾 3°～5°，以接近模型的滑翔角，然后以合适的力量将模型掷出。根据模型的飞行姿态进行调整，直至模型能够以微微偏右的姿态平稳滑翔。

2. 小动力试飞

电动自由飞通常采用右盘旋飞行的方式放飞，这样可以尽可能避免模型飞离视线，同时有利于提高模型的飞行稳定性。右盘旋飞行的方法是将方向舵微微向右调整。

用充电器对模型充电 30s 左右。充电完成后，手持模型保持水平，打开开关，螺旋桨正常旋转。然后将模型迎风掷出，观察模型的飞行姿态和轨迹。正常的飞行状态为，以较大的半径右盘旋缓慢上升，在电量耗尽时，开始右盘旋平稳滑翔，盘旋半径最好在 20m 左右，整个过程中，机翼无明显倾斜。

模型的重心是固定的，重心在机翼前缘约 60% 翼弦的位置。在调试时一般容易出现头重的现象，飞行时表现为模型动力爬升不明显，无动力滑翔时下滑太快，这时只需要将升降舵适当地向上偏折。若模型出现连续的波状飞行，可将升降舵适当向下偏折。

模型的盘旋飞行有利于波状改出，观察模型的盘旋方向、盘旋半径以及机翼左右倾斜度。若右盘旋的飞机盘旋半径偏小，可将方向舵适当向左调整。盘旋半径越小，模型越容易出现爬升不明显或不爬升，甚至盘旋下坠，观察机翼可看到右翼下倾越来越明显，这对模型的稳定爬升和滑翔非常不利。若模型飞行时出现左盘旋现象，将方向舵适当向右调整，直到模型能够右盘旋飞行。

3. 大动力飞行

对于调试好的模型，先将电量全部放完，关闭开关，然后充电约 1min，若使用新的 5 号电池，每次充电不超过 1min，充电若干次后可多充一会儿。选择场地的上风区，然后打开模型的开关，等螺旋桨正常旋转后，迎着风向，将模型微微斜向上稍用力掷出。

模型不得在风速大于 3m/s 的天气放飞，以免损坏或丢失。在放飞过程中，也切忌严禁用手触碰旋转中的螺旋桨。

⊙ **试一试**

制作一架其他的电动自由飞，比较一下不同模型的放飞要求和性能。

4.4.3 拓展阅读——电动飞机

我们日常生活中乘坐的飞机燃烧的是煤油，煤油的燃烧会产生大量的二氧化碳，同时飞机发动机在工作时也会产生很大的噪声。二氧化碳和噪声一个影响大气，一个影响旅途的舒适。

"零排放、无噪声、更快、更安全"是未来飞机设计的主要方向，采用电力来驱动飞机，将内燃机动力更换为电动推进系统，既节能环保，效率高能耗低，又接近零排放，噪声和振动水平很低，乘坐舒适性好。由于不携带燃油，不会发生爆炸和燃料泄漏，飞机安全可靠、结构简单、操作简单、维护简单。

目前，可载人电动飞机主要有太阳能电动飞机、蓄电池电动飞机和燃料电池电动飞机等类型。虽然电动飞机有着众多优势，但还存在很多技术难题，例如电动推进系统重量过大，飞机开发成本高，另外，目前的电动飞机基本只能在天气良好的状况下飞行，难以适应降水、降雪、雷电等恶劣的天气情况和比较恶劣的环境。

4.5 遥控固定翼飞机模型

从手掷飞机模型到橡筋动力飞机模型，再到电动自由飞模型，这些模型一旦离开操控者就再也不能进行飞行控制了，若在这些模型的基础上加装电机、电池和无线电控制系统，例如，使用遥控器远距离控制模型的电机转速、方向舵、升降舵以及副翼等等，这就是电动遥控固定翼飞机模型。

遥控固定翼飞机模型在训练时需遵循循序渐进的原则，操作稍有不慎，就有可能发生碰撞或坠机事故，在初次练习时，最好选用小型的、操作简单的、飞行速度低的室内模型。室内飞行可以减少气流对模型的干扰，降低操控的难度。遥控模型的续航时间都是有限的，起飞前需将电量充满，充分阅读说明书，根据遥控模型的飞行时限，当电量即将耗尽时，提前降落模型。遥控模型的练习也可以通过模拟飞行软件进行模拟飞行的练习，可以选择合适的航空模型遥控飞行模拟软件，通过模拟操控，提高航空模型的遥控水平。

4.5.1 遥控初级——二通道遥控固定翼飞机模型

如图 4.5.1 所示，"追梦者"2.4GHz 遥控双翼机模型的翼展为 29cm，机长为 31.5cm，采用双翼设计，飞行速度低，易于初学者操控，适合在体育馆等室内环境飞行。遥控器采用二通道 2.4GHz 遥控，模型配置 3.7V 70mA·h 可充电锂电池，遥控距离为 50m，连续遥控飞行的时间约 15min。

"追梦者"遥控双翼机模型在飞行时只可以控制油门和方向舵，模型的升降通过增减油门来实现，方向舵的偏转可控制模型的左右偏航。模型没有起落架，起飞的方式采用手掷起飞，降落可采用小动力或无动力滑翔

图 4.5.1 "追梦者"2.4GHz 遥控双翼机

着陆。由于模型又轻又小，飞行速度低，因此抗风能力弱，在户外有风的环境下飞行容易造成模型的损坏或丢失。

遥控器的功能说明如图 4.5.2 所示，所有的遥控模型起飞前都需要进行遥控

天线

电源指示灯

左手柄/油门

右手柄/方向

油门微调键

电源开关

方向舵微调键

充电指示灯

图 4.5.2 遥控器

测试，打开遥控器后盖，给遥控器安装 4 节 5 号电池，安装时注意电池的正负极。在遥控器处于关闭的状态下，将锂电池插入遥控器背面的方孔内进行充电。当遥控器正面的红色指示灯熄灭后，表示锂电池充电完成。充电结束后，从遥控器上拔出，把锂电池安装到双翼机上，并接通双翼机的电源，打开遥控器开关至 ON 的位置。

为避免意外误操作，遥控器设定了安全保护系统，在模型起飞前需要关闭全保护系统，否则模型无法接受其他操作指令。关闭遥控器的安全保护系统的方法是先将遥控器开关拨至 ON，此时遥控器电源指示灯开始闪烁，遥控器发出"滴滴"声。然后将左侧油门操纵杆推至顶部再下拉至底部，遥控器的"滴滴"声消失，电源指示灯长亮，这表示安全保护系统已关闭，操控遥控器即可控制模型。

当模型与遥控器对频成功后，一手手持模型，另一只手缓缓向前推油门杆，这时候可以看到螺旋桨加速旋转，并且持模型的这只手会明显感觉到螺旋桨旋转产生的拉力。拉回油门杆，关闭油门，然后打左 / 右舵，会看到方向舵向左 / 右偏，这个动作会实现左 / 右转弯。杆量越大，方向舵偏移的角度也越大，转弯越急。若模型的响应动作与遥控动作一致，则模型正常，可以遥控起飞。

右手持模型并正对风向，做好逆风飞行的准备，左手将油门杆推满，当螺旋桨全速运转时，用适当的力将模型水平向前掷出，然后根据模型的飞行姿态适当增减油门杆，配合方向舵的遥控使模型在空中自由飞行。当需要降落时，向后拨动油门杆，减小或关闭油门，让模型慢慢滑翔至地面。

初次遥控飞行时，选择一个较大的室内环境或无风的户外环境。放飞后，先尽可能让模型爬升到较大的高度。在遥控过程中，不可操控过急，时刻观察模型的飞行姿态以及模型前方，当前方遇到障碍时，应提前做好转向准备。

在放飞中，若在未打方向舵的情况下模型总是左偏或右偏，可反向调节遥控上的"方向舵微调键"，直至模型正常飞行。若模型电池电量已充满，在最大油门的状态下，模型难以爬升，可手动微微向上调整升降舵。

在练习遥控飞行的过程中，逐渐学会通过油门和方向舵的控制，让模型获得直线平飞或向右 / 左盘旋平飞，增强自身的方位感，提高自身的操控反应能力。需要注意的是，模型在偏航飞行时，升力在竖直方向的分力会减小，此时飞行高度会下降，若方向舵偏转角度过大，模型会出现盘旋下坠。解决方法是尽可能避免急打方向舵，在转向时，为了避免飞行高度下降，可适当加大油门。

遥控飞机模型的常用术语

（1）打左舵／右舵：指向左／右拨动方向杆。打左舵，向左飞行；打右舵，向右飞行。

（2）油门杆：向前推动油门杆，螺旋桨转速增大，模型动力增加；向后拉动油门杆，螺旋桨转速降低，模型动力减小，将油门杆拉到底，电机会失去动力。

（3）推杆：向前推动升降舵控制杆，模型的升降舵向下偏移，可减小模型飞行的仰角。

（4）拉杆：向后拉动升降舵控制杆，模型的升降舵向上偏移，可增大模型飞行的仰角。

（5）杆量：指拨动摇杆的幅度。

（6）压副翼杆：副翼可控制模型进行滚转运动，向右压副翼杆，左副翼向下偏，右副翼向上偏，模型右倾，即向右滚转；向左压副翼杆，左副翼向上偏，右副翼向下偏，模型左倾，即向左滚转。

4.5.2　遥控中级——三通道遥控固定翼飞机模型

"卡博" 2.4GHz 电动遥控飞机模型的翼展为 54cm，机长为 38.6cm，可控制模型的油门、方向舵和升降舵，属于三通道特技遥控滑翔机模型，如图 4.5.3 所示，可在室内或室外飞行。模型质量为 45g，配置 150mA·h 可充电锂电池。电池可通过遥控器进行充电，充电 30min 左右可飞行约 15min，遥控距离为 150m。可在平地上滑跑起飞或手掷起飞，能做翻筋斗、8 字飞行等多项特技动作。

图 4.5.3　"卡博"电动遥控飞机模型

还有一种与"卡博"电动遥控飞机模型性能相似的模型——"山鹰 800" 2.4GHz 遥控滑翔机模型，也属于三通道遥控固定翼飞机模型，如图 4.5.4 所示。

其翼展为 89cm，机长为 67cm，机高为 22.1cm，飞机配置 7.4V 420mA•h 的锂电池，整机质量为 233g。由于翼展较大，飞行速度偏快，所以比较适合在室外进行遥控飞行。充电 60min 可飞行 10min 以上，遥控距离 200m。可平地滑跑起飞，能做翻筋斗、8 字飞行等特技。

图 4.5.4 "山鹰 800" 2.4GHz 遥控滑翔机模型

取出"卡博"电动遥控飞机模型，参阅说明书，使用遥控器给锂电池充满电，然后将锂电池安装到模型上并接通电源。打开遥控器电源，关闭遥控器的安全保护系统，让遥控器与模型成功对频。接下来进行起飞前的检测。

第一步，将遥控器右操纵杆回中，可看到模型的方向舵无左右偏移；然后把右操纵杆水平左推，可看到方向舵向左偏，飞行时模型向左转，同时，后起落架轮也向左偏，可让模型在地面滑行时向左转。最后再将遥控器右操纵杆水平右推，可看到方向舵和后起落架轮向右偏。

第二步，将遥控器左操纵杆下拉，升降舵向上偏转，飞行时模型会上升。再将遥控器左操纵杆上推，升降舵向下偏转，飞行时模型会下降。

第三步，左手抓住机身，右手将遥控器右操纵杆缓缓前推，螺旋桨开始逐渐加速转动。

若遥控器操纵杆的动作与方向舵、升降舵、螺旋桨的运动与上述一致，则模型正常，可进行遥控起飞。首次起飞可选择无风、空旷、平坦的安全场地。户外放飞还需要避开大风天气，确认周围无电磁信号的干扰，严禁在人群、高压线等危险环境中飞行。一般来说，较小的模型不能在二三级及以上的风速环境中飞行，即使是较大的模型也不能在五级以上的风速环境下飞行。

模型带有起落架，可采用滑跑的方式起飞，通过操作左右方向操纵杆可使模型在地面转向，将模型放在平整的地面上，迎风放置，模型前方必须留有充足的滑跑距离。然后逐渐增加油门至最大，可以看到模型向前加速滑行。当模

型加速到可以起飞的速度或滑跑速度接近最大时，缓慢拉杆，让模型抬头起飞。

"卡博"固定翼飞机模型属于轻小型模型，也可以手掷起飞。将模型举至头顶上方，另一只手将油门杆推至顶部，螺旋桨高速旋转起来，此时将模型逆风水平掷出。出手后，需时刻关注模型的飞行姿态。刚开始不可立即打方向舵，应控制好油门，让模型直线爬升到一定高度，然后通过操控油门和升降舵让模型进入平飞状态，户外飞行可爬升至10m的高度（约3层楼高）。这是因为在起飞初期，飞行状态不稳定，立即打方向舵容易导致模型螺旋下坠，并且在高空遥控模型，即使出现意外情况，这时候只需关闭油门，借着高度优势，等模型自行恢复到正常滑翔状态，再进行油门和方向舵的控制。

飞行约15min后，当模型表现出动力不足、爬升无力时，则表示电池电量即将耗尽，需尽快转入着陆状态，并选择合适的区域降落。常规情况下，模型会选择起飞点附近进行降落，降落过程也需要迎风飞行。迎风降落不仅可以降低模型的下滑速度，获得更大的升力，减少滑跑距离，还可以提高各个舵面的操控效率（简称舵效）。

在降落的过程中，首先让模型对准跑道，减小或关闭油门，让模型低速平稳滑翔，适当控制升降舵，以较小的下滑角逐渐接近跑道。当接近地面时，模型的俯冲角度也要逐渐减小。直到距离地面约1m时，开始拉杆让模型保持平飞，在平飞的过程中，飞行高度逐渐降低，飞行速度也在进一步下降。当模型的轮子即将触地时，进一步加大拉杆量，让模型保持抬头减速状态。模型在滑跑过程中需要时刻关注滑跑方向，通过控制方向舵让模型尽可能保持直线运动。

在初次练习降落时，保持电量充足，多次尝试让模型逼近地面，模拟降落过程，但并不接触地面，寻找最佳的降落机会，择机降落，若有危险，再次起飞。

在降落过程中，当模型即将接触地面时，最重要的操作是让模型的姿态处于水平，只有保持这样的姿态下滑，最终才能比较安全地降落至地面。

若想遥控模型时而高空盘旋，时而低空呼啸而过，就需要好好练习基本的飞行遥控技术，为以后操控飞行和特技飞行打下基础。

1. 水平直线飞行

水平直线飞行是所有飞行动作的基础，要求模型在同等高度进行直线飞行，它决定着操控者是否可以稳定操控模型，由于遥控和视线的距离有限，直线飞行还需与转弯飞行联合进行练习。

相对来说，模型在室内或室外无风环境下保持直线飞行还是比较容易的，但遇到气流干扰时，会偏离原来航线的方向，这时候需要油门、方向舵、升降舵以及副翼的联合操控才可能实现。

在初学过程中，遥控模型经常会出现 S 形飞行轨迹，这通常是由于操控者反应不及时造成的，表现为模型已经出现较大的偏航才开始修正，或者模型已经恢复到原航线，但修正的动作还未及时结束。为了避免 S 形飞行现象的发生，在练习的过程中需要时刻关注模型的飞行姿态，尽早判断，及时调整，调整的舵量要适中，舵面回中要及时。

模型的运动存在一个规律，模型朝哪个方向倾斜，它就会朝哪个方向转弯。同样的道理，模型要想朝哪个方向转弯，那就需要让副翼向哪个方向倾斜。倾斜角度越大，转弯半径越小，但机翼也不能倾斜过大，倾斜过大容易导致模型螺旋下坠而失控。所以在遥控飞行时还要仔细观察模型机翼的状态，在机翼出现微小变化时及时控制方向舵做出修正，这样模型才能稳定地直线飞行。

2. 水平转向 180°

模型在空中直线飞行一段距离后需要进行 180° 的转向，飞行示意如图 4.5.5 所示，在模型开始准备转弯时，控制升降舵并适当拉杆，保持模型在同一高度转弯，当转向结束，恢复升降舵的操作，再次进入直线飞行。

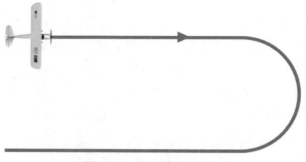

图 4.5.5　水平转弯 180°

在遥控模型转弯的过程中，还需要根据实际情况不断微调油门、方向舵和升降舵，以保证模型平稳转向 180°。

将直线飞行与转弯飞行结合起来进行练习，飞行时要尽可能保持模型在同一高度上，同时保持航线位置固定。

3. 五边飞行

五边飞行是固定翼飞机飞行员的一门重要的基础课程，它是飞机降落时常用的飞行航线，飞行员需要驾驶飞机沿着五边航线环绕机场飞行，航线的每个转角为90°，而且转向半径较小。飞行员可从五边飞行中学习起飞、爬升、转向、平飞、下降及降落等重要的飞行技巧。从机场上方来看，五边航线实际上是一个四边形，如图4.5.6所示，只是在立体情况下由于飞机离场边和进场边的性质以及飞行高度都不一样，所以这条边被一分为二，成为五边。参考固定翼飞机五边飞行的航线，在地面画出航线的投影图，遥控模型起飞到一定高度，然后沿着五边航线飞行。

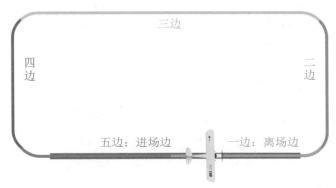

图4.5.6　五边航线

4. 8字航线飞行

在有一定遥控飞行经验的基础上，可以在同一高度练习8字航线飞行，如图4.5.7所示，通过遥控让模型反复正确地做出左转弯与右转弯。

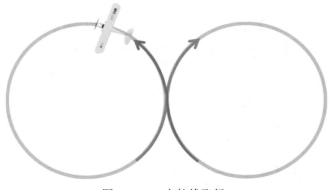

图4.5.7　8字航线飞行

5. 筋斗飞行

通过遥控可让模型在空中的竖直面上飞出圆形轨迹，如图 4.5.8 所示。通常情况下，模型先是迎风平飞，然后将油门杆推至最大，同时拉杆，让模型不断抬头爬升。当飞到筋斗顶点时，适当回一点拉杆量，过顶点后，减小油门并保持拉杆，直到完成一个筋斗。最后拉杆回中并恢复油门，模型进入平飞状态。

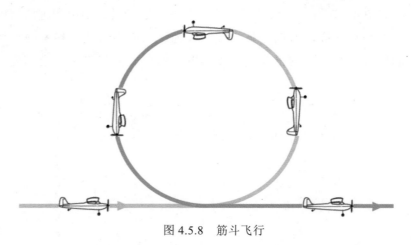

图 4.5.8　筋斗飞行

4.5.3　模型竞赛

根据比赛的技术要求，室内遥控固定翼竞速可选择"卡博"电动遥控飞机模型，通过遥控让模型绕两个标杆飞行，比赛场地如图 4.5.9 所示，场地上的两标杆距离 20m，标杆高度 4 ～ 7m。

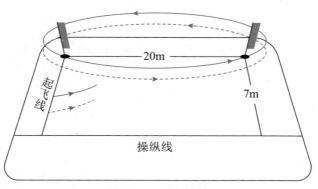

图 4.5.9　比赛场地

比赛时模型必须在机翼两侧后缘分别粘贴一条彩色飘带。飘带伸展长度为15cm，宽度为1cm。每名参赛者可准备两架模型进行比赛；模型起飞后选手需站到操纵线外操纵模型，以逆时针方向绕标杆飞行，漏标可以原路返回补绕，未补绕者此圈不计为有效圈；记录每名选手操纵模型围绕标杆完成有效飞行的圈数，比赛时间结束后未到达终点的，可以继续完成最后一圈的飞行并计作有效圈，记录飞行时间；如超过15s模型未能过线的，该圈不计入成绩，飞行时间计为2min。

4.5.4 高级飞行——四通道遥控固定翼飞机模型

"全球鹰"2.4GHz智能两栖遥控飞机模型是一架2.4GHz四通道遥控飞机模型，如图4.5.10所示，配备D2830-1300kV无刷电机和30A无刷电子调速器，11.1V（3S）1800mA·h 25C锂电池，套材内包含起落架和浮筒，具备水、陆起降能力，模型的翼展为122cm，机身长为91.5cm，在陆地模式下，遥控飞机质量约为1000g，机身采用防撞设计，具备油门锁定、一键救机等功能。通过遥控可控制模型的油门、副翼、升降舵和方向舵，使模型能够做出横滚、筋斗、倒飞等特技动作。

图 4.5.10 "全球鹰"2.4GHz智能两栖遥控飞机模型

水陆两栖飞机

水陆两栖飞机是指既能够在陆地起降，也能够在水面起降的飞机。水陆两栖飞机可以进行航拍，也可以进行陆地物资运输，还可以进行水上巡逻，多用途的通用飞机将会为使用者创造更多价值。相比直升机，它的起降条件更低，不容易受恶劣天气的影响，因此更容易胜任多种任务。我国的 AG-600 是世界上最大的水陆两栖飞机，如图 4.5.11 所示。

图 4.5.11　AG-600 水陆两栖飞机

打开模型的包装盒，按照说明书完成模型的组装，使用套件内的充电器给锂电池充电，当三个 LED 灯显示红色，表明充电器正处于充电状态。2S 电池会显示 2 个红灯，3S 电池会显示 3 个红灯。当 LED 灯全部为绿色，则充电完成。

初次放飞采用陆地着陆模式，给模型安装轮式起落架。由于模型的翼展大、总重量大，放飞时需要更大的平坦开阔的场地。起飞前先通电遥控测试油门、副翼、方向舵和升降舵的控制是否正常，然后让模型从地面滑跑起飞，由于添加了副翼，副翼的控制可以让模型飞行更灵活。

在有副翼的飞行遥控中，模型通常采用副翼来控制飞机转向，而很少使用方向舵。这是因为副翼控制转向的响应更加迅速，而使用方向舵控制转向的响应比较迟钝，还需要模型有较大的上反角来配合升降舵实现转向。

例如，在模型即将进入 90°右转弯飞行时，调整副翼使飞机右倾合适的角度，同时控制升降舵并适当拉杆，保持模型在同一高度转弯。当转向结束，反向操控副翼恢复机翼水平，恢复升降舵的操作，模型再次进入直线飞行。

副翼控制可以让模型实现倒飞、横滚等多种特技飞行。如图 4.5.12 所示，在倒飞动作中，模型平飞迎风进入，向右（左）压副翼，模型开始横滚，直到模型倒飞，副翼回中，在横滚过程中，还需要适当推杆来维持模型的飞行高度。若要结束倒飞状态，向右压副翼，同时推杆逐渐回中，直至模型进入平飞。

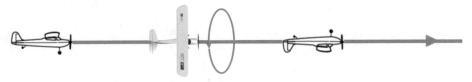

图 4.5.12　倒飞

横滚与倒飞相似，只是横滚需要将倒飞的两个动作连起来操控。即在横滚过程中，一直压着副翼，让模型依次经历：平飞→倒飞→平飞，如图 4.5.13 所示，在由平飞到倒飞的过程中，推杆适当加大，由倒飞到平飞的过程中，推杆逐渐减小。

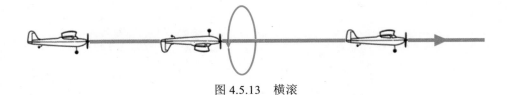

图 4.5.13　横滚

⊙　**试一试**

（1）将模型拉升到较大的高度，然后控制模型实现筋斗飞行的动作。

（2）通过副翼的操控，实现模型倒飞和横滚的特技飞行。

第 5 章

旋翼机模型

　　机翼的升力是在机翼与空气的相对运动过程中产生的，固定翼飞机需要产生一定的速度才能起飞，而旋翼机的飞行是以高速旋转的机翼与空气发生相对运动来获得升力，这将给旋翼机更多的飞行空间，可实现垂直起飞、垂直升降和空中悬停。旋翼机包含单旋翼、双旋翼以及多旋翼。

5.1 直升机

5.1.1 直升机的组成

直升机是一种通过旋翼提供升力来获得飞行的航空器，它没有固定的机翼，而是靠可旋转的机翼产生升力，如图 5.1.1 所示。

图 5.1.1 直升机

直升机旋转机翼的剖面与固定翼飞机机翼的剖面相似，操控改变旋翼的旋转平面，让旋转平面向前后左右倾斜，可实现直升机的前后左右运动，通过操控旋翼的迎角，可以改变旋翼的升力，让直升机上升或下降，当直升机的升力和自身的重相同时，可实现直升机的空中悬停。正因为直升机能够实现垂直升降、悬停、小速度前后左右的飞行，比固定翼飞机的飞行更加灵活，使得直升机在很多场合大显身手。但直升机也存在一些弱点，例如直升机飞行的速度低、耗油量较高、航程较短，等等。

直升机主要由机舱、机身、主旋翼、尾桨、起落架、传动系统、动力系统以及机载飞行设备等组成。

1. 主旋翼

直升机上可以有一副或两副旋翼，一副旋翼的桨叶有 2 ～ 5 个。旋翼的角度是可以改变的，用来调整旋翼升力的大小。对于拥有两副旋翼的双旋翼直升机，两副旋翼的旋转方向是相反的，可以抵消彼此的反作用力（这里的反作用力也叫反扭力），从而保持整体稳定，消除旋转的趋势。

2. 尾桨

旋翼的旋转会产生反扭力，单旋翼直升机需要一个单独的尾桨来克服主旋翼旋转产生的反扭力。尾桨采用一个桨叶迎角可变和转速可变的旋翼，以此来增强直升机方向的稳定性，尾桨还可以用来改变直升机机头的朝向。具有双主旋翼的直升机通常采用旋翼相对反转的方式来抵消旋翼产生的反扭力，所以这类直升机多采用无尾桨设计。

直升机依靠发动机来驱动旋翼旋转，单旋翼直升机的主发动机也同时输出动力至尾部的小螺旋桨，通过直升机上的陀螺仪来侦测直升机偏转角度并反馈至尾桨，通过调整尾桨的桨叶迎角来抵消主旋翼旋转产生的反扭力，使直升机的机头保持不变。

3. 起落架

最常见的起落架是滑橇式的，适合在不同类型的表面上起降。直升机也可以装备浮筒进行水上作业，或者装备滑雪板以降落在雪地及柔软的地面上。机轮是另外一种形式的起落架，可以是三点式或者是四点式配置，其中三点式轮式起落架居多。

4. 动力系统

小型直升机使用的是往复式发动机，而大多数的中大升力直升机采用燃气涡轮发动机，这种发动机的输出功率较大。发动机工作时通过主传动机构将动力传递到主桨和尾桨系统。

5.1.2 直升机的种类与应用

有的直升机只装有一副主旋翼，其机尾有尾桨或其他平衡装置，这就是单旋翼直升机，如图5.1.2所示。单旋翼直升机是技术最成熟、数量最多的直升机。

图 5.1.2 单旋翼直升机

有的直升机有两副旋翼，如果两副旋翼是共轴设计，即双层桨叶共用一个传动轴，但转动方向相反，这就是共轴反桨直升机，如图 5.1.3 所示。由于共轴反桨直升机的两幅旋翼反向旋转，它们的反作用力相互抵消，所以这样的直升机无尾桨设计。共轴反桨直升机的优点是在同样的输出功率下，减小了旋翼长度，省掉了尾桨，非常适合于狭小空间的应用场景。

图 5.1.3　共轴反桨直升机

若两副旋翼成纵列式分布，这就是双旋翼纵列式直升机，如图 5.1.4 所示。机身前后各有一副旋翼，这两副旋翼完全相同，但旋转方向相反，它们的反作用扭矩可以互相抵消。通常后旋翼稍高于前旋翼，以避免互相影响。双旋翼纵列式直升机结构紧凑，载重量大，悬停效率高，在悬停时抗侧风扰动能力较强，有较大的操纵余量，允许较大的重心变化，任务可靠，安全性高，生存率高。

图 5.1.4　双旋翼纵列式直升机

5.1.3　拓展阅读——垂直起降固定翼飞机

固定翼飞机有着飞行速度快、油耗低的优势，但起飞和降落需要较长的跑道；直升机有可垂直起降的优势，但飞行速度低，油耗大，续航能力差。为了将二者的优势互补，人们又创造了新的飞行器，它既拥有直升机垂直起降的优势，又有着固定翼飞机高速、长续航的优势。

1. 倾转旋翼机

倾转旋翼机是一种将固定翼飞机和直升机融为一体的新型飞行器，如图5.1.5所示，它既具有普通直升机垂直起降和空中悬停的能力，又具有涡轮螺旋桨飞机的高速巡航飞行的能力。

图 5.1.5　倾转旋翼机

倾转旋翼机的独特设计就在于其机翼的两翼尖处，在翼尖上各安装一套可在水平方向与垂直方向之间转动的旋翼倾转系统组件，当飞机垂直起飞和着陆时，旋翼轴垂直于地面，旋翼的旋转可将气流排向下方，这时候相当于直升机的飞行，可悬停、侧飞、后飞、垂直起降，不需要起降跑道。倾转旋翼机起飞升空后，当达到一定速度时，旋翼整体向前倾转90°，旋翼将气流排向飞机后方，此时倾转旋翼机能像固定翼飞机那样以较高的速度作远程飞行。

2. 垂直起降固定翼无人机

垂直起降固定翼无人机可以不用借助跑道，在原地就可以进行垂直起飞和垂直降落，如图5.1.6所示。

图 5.1.6　垂直起降固定翼无人机

结合多旋翼飞行器结构简单的优势，将固定翼飞机与多旋翼飞机进行融合，设计出可垂直起降的固定翼飞行器，这样的飞行器多应用于无人机领域，所以也称为垂直起降固定翼无人机。

垂直起降固定翼无人机在垂直飞行时，升力由 4 个旋翼提供；水平飞行时，升力由机翼提供，由推进式螺旋桨产生推力。由于此时旋翼可部分或完全卸载，故有较好的水平飞行性能。

目前，市场上所应用的垂直起降类无人机都是旋翼类，是把多旋翼和固定翼结合起来的，所以垂直起降类无人机就拥有了多旋翼的起降方式，解决了固定翼无人机起降对场地的要求，同时拥有了固定翼无人机飞行距离长、速度快、高度高的优点，解决了多旋翼续航短、速度慢、飞行高度较低的问题。但是，由于复合式垂直起降固定翼飞行器采用两套动力装置，在进行垂直或者平飞时，其中一套推进及其控制装置将成为废重，而且空机质量较传统直升机大。

考虑到垂直起降固定翼无人机有两套动力装置带来的弊端，通过进一步的改进，人们又设计出折叠翼垂直起降无人机，如图 5.1.7 所示。这种无人机在飞行过程中可以折叠或展开机翼，实现旋翼和固定翼之间的转换。折叠翼垂直起降无人机有着直升机和固定翼飞机的所有优点，另外，由于折叠翼无人机只有一个推进系统，可以大大提高无人机的载荷能力和长续航能力，机翼可自动折叠，减小了无人机的占地面积。

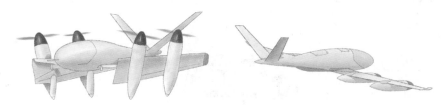

图 5.1.7　折叠翼垂直起降无人机

5.2　"猛虎"橡筋动力直升机模型

"猛虎"橡筋动力直升机模型机长为 30cm，机高为 32cm，如图 5.2.1 所示，是一种仿真造型的简易橡筋动力直升机模型。利用橡筋带动旋翼使模型上升至高空中，当橡筋动力耗尽时，模型落回地面，飞行高度可达 8 层楼（30m）以上，留空时间可达 30s 以上。由于模型质量轻、风阻大，所以模型掉落至地面几乎无损坏，可重复飞行。

图 5.2.1　"猛虎"橡筋动力直升机

5.2.1　模型制作

器材："猛虎"橡筋动力直升机模型、进口橡筋、剪刀、润滑剂。

将有印刷面的泡沫机身朝外，机身重心槽贴近木杆窄的一侧，然后用透明橡筋圈固定机身与木杆，如图 5.2.2 所示。调整机身的高度，使机身上边缘距离木杆顶端 5cm，这样做的目的是：当直升机模型在无动力降落时，能够缓慢着陆。

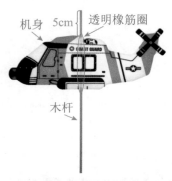

图 5.2.2　固定机身与木杆

机身是用来提高模型飞行的安定性，相当于一个阻尼面，起到克服旋翼旋转时所产生的反作用力，使模型能够顺利地垂直上升和下降。

在直升机机头安装螺旋桨，然后将机头安装到木杆顶端，尾钩安装到木杆底端，如图 5.2.3 所示。将橡筋两端对齐并系结，然后橡筋均匀缠绕三圈，拉伸橡筋，把带有橡筋结的一端置于尾钩处，另一端置于机头金属钩内，如图 5.2.4 所示。橡筋可进行清洗和添加润滑剂，或更换相同长度的进口橡筋，提高橡筋动力直升机模型的动力性能。

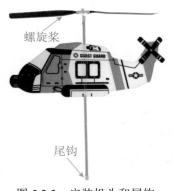

螺旋桨

尾钩

图 5.2.3　安装机头和尾钩

图 5.2.4　安装橡筋

5.2.2　模型放飞

在试飞前，先检查一下各部分是否符合要求，包括制作的正确性和精准度。然后用右手手指绕动螺旋桨顺时针旋转 150～200 转，缠绕结束后，如图 5.2.5 所示，一只手捏住旋翼的翼尖，另一只手捏住机身，机头向上，先松开旋翼，让旋翼转动起来，然后再松开机身，这样模型就能平稳升空了。如果飞行情况不理想则可对机身的高度进行调整。

观察空中飞行的模型，能够看到泡沫板也在旋转，其旋转方向与旋翼相反，这是因为主旋翼的旋转会产生反作

图 5.2.5　模型放飞

用力，导致泡沫板反向旋转。由于空气阻碍的作用，较大面积的泡沫板能够有效减弱机身旋转的速度，但无法阻止。

⊙　**试一试**

（1）可以尝试将橡筋动力直升机模型朝着斜上方或水平方向进行放飞，也可以逆时针缠绕橡筋，然后将模型倒立放飞，观察模型的飞行状态。

（2）取出一张长方形的空白泡沫板，在板上绘出一架飞机并涂色，然后沿图案边缘裁剪，找出模型重心的位置并标记。按照橡筋动力直升机模型的安装步骤进行组装，其中白色透明橡筋圈需绑在重心位置。

（3）"奇兵号"橡筋动力伞降直升机模型也是橡筋动力直升机模型的一种，如图5.2.6所示，"奇兵号"橡筋动力伞降直升机模型采用伞降方式着陆，这样着陆更慢、更安全，尝试制作这种橡筋动力直升机模型。

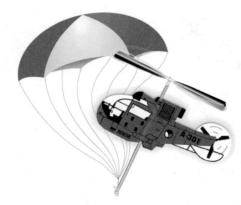

图 5.2.6 "奇兵号"橡筋动力伞降直升机模型

5.3 橡筋弹射旋翼机模型

5.3.1 直升机自旋降落原理

如果一架直升机在空中飞行，发动机突然出现故障不能提供动力，这时候直升机会不会直接从天上掉下来呢？固定翼飞机在发动机停止后可以滑翔，直升机在发动机停止后也有自己的"滑翔"方式，这就是直升机的自旋降落。

在正常的飞行状态下，直升机的发动机带动主旋翼高速旋转，旋翼的桨叶为正迎角，主旋翼的旋转推动气流向下，从而获得升力。若直升机的动力突然消失，旋翼的转速将会急剧变小，升力也会迅速下降，导致直升机快速降落。由于尾桨与主旋翼是通过传动轴刚性连接的，主旋翼停转也会导致尾桨随即停转，这时候直升机就会彻底失控。若不及时采取有效措施，直升机就会像石头一样重重地摔向地面，后果难以想象。

所以，当直升机失去动力时，需要迅速采取措施，以继续维持直升机螺旋桨的转速，可产生一定的升力，减小降落的速度，直至直升机安全降落至地面，这个过程就是直升机的自旋降落，如图 5.3.1 所示。

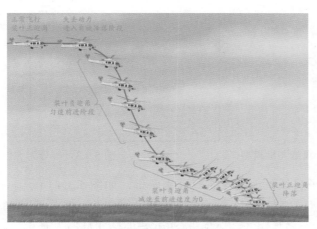

图 5.3.1　直升机自旋降落过程

直升机在正常的飞行状态下，桨叶为正迎角，旋翼的前缘高于后缘，高速旋转的桨叶将气流排向下方。当直升机失去动力时，直升机下沉，若桨叶保持不变，旋翼会越转越慢。要实现直升机的自旋降落，让直升机的旋翼继续高速旋转，这时候需要迅速调整桨叶的迎角，将桨叶由正迎角改为负迎角，让旋翼的前缘低于后缘，在直升机下降的过程中，自下而上的气流推着主旋翼继续转动，就像风推着风车旋转。所以，这种情况称为直升机的风车状态，直升机会以较缓的速度下降而不是急速坠落。

直升机在自旋降落的过程中还需要保持一定的前飞速度，这样可以有效降低下落速度。当直升机快要接近地面时，飞行员需要抓住合适的时机，将桨叶由负迎角再变为正迎角，借着主旋翼旋转的惯性，让主旋翼瞬间产生强大的升力，保证直升机以更小的下沉速度降落至地面，完成直升机的自旋降落。在这个过程中，直升机旋翼的转速也在急剧下降。

5.3.2　模型制作

器材： A4 纸、剪刀、刻度尺、透明胶带。

旋翼纸飞机模型是利用高度优势，在纸飞机下落的过程中与空气之间产生的相对气流带动旋翼旋转，如图 5.3.2 所示，这个过程就像风吹动风车旋转一样。

取一张 A4 纸并等分为 5 份，如图 5.3.3 所示，沿虚线进行裁剪，取其中一张小纸条，然后再进行设计。

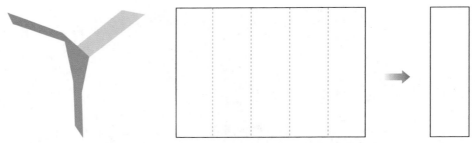

图 5.3.2 旋翼纸飞机模型　　　　　图 5.3.3 等分为 5 份

用笔和尺子将纸条上端左右等分为两份，如图 5.3.4 所示，下端沿竖的虚线等分为 3 份，然后按图 5.3.4（a）所示，沿实线剪开，下端沿横的虚线向上翻折，翻折后如图 5.3.4（b）所示；再将左边沿左虚线从外向右翻折，将右边沿右虚线从里向左翻折，如图 5.3.4（c）所示；然后用透明胶带对纸条下端进行粘贴固定，如图 5.3.4（d）所示；最后将纸条上端的两个小纸片沿虚线分别向里和向外翻折 90°，翻折后如图 5.3.4（e）所示，这两个小纸片就是纸飞机的旋翼，至此，一架旋翼纸飞机制作完成。

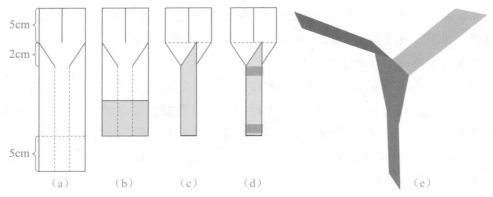

5cm　2cm　5cm

（a）　　　（b）　　　（c）　　　（d）　　　　　　（e）

图 5.3.4 折旋翼纸飞机模型

旋翼纸飞机模型向上投掷时需保持竖直状态，旋翼在下方，旋翼在高速气流的作用下会向下弯折，直到纸飞机到达最高点后开始下落，这时旋翼展开，纸飞机开始旋转下降。也可以将纸飞机置于高处，展开旋翼，让旋翼与机身整体成 Y 形，然后静止释放，这时候纸飞机会很快进入旋转状态并下落。

重新设计一架旋翼纸飞机模型，改变旋翼的长度和宽度以及配重，看看哪种设计可以让纸飞机飞行状态最好、最稳定。

5.3.3 橡筋弹射旋翼机——"小伞兵"弹射趣味飞机模型

弹射固定翼飞机模型（图5.3.5）是利用橡筋的弹性能量作为初始动力来放飞。当模型被弹射出去时，在惯性的帮助下迅速爬升到最高点，然后在重力作用下转为滑翔，若滑翔过程中若遇到上升气流，还可以获得较长的留空时间。

"小伞兵"弹射趣味飞机模型也是利用橡筋弹射的方式，将模型弹射到高空中，当模型爬升到最高点后开始下降，这时候模型以无动力自旋的方式逐渐降落到地面上。"小伞兵"弹射趣味飞机模型翼展为15cm，机长为16cm，如图5.3.6所示。

图 5.3.5 弹射固定翼模型飞机

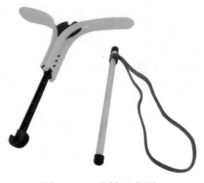

图 5.3.6 弹射示意图

模型制作

器材： "小伞兵"弹射趣味飞机模型。

将机身挂钩从旋翼中心的大圆孔穿过，再把旋翼上的小孔卡入机身两侧限位点上，如图5.3.7所示。然后将橡筋圈装入弹射杆上，最后把两个黑色的小帽固定在弹射杆的两端，如图5.3.8所示，至此，一架"小伞兵"弹射趣味飞机模型制作完成。

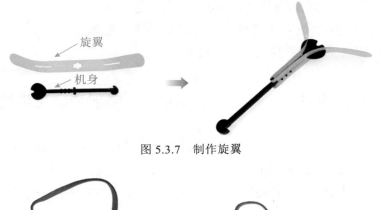

图 5.3.7　制作旋翼

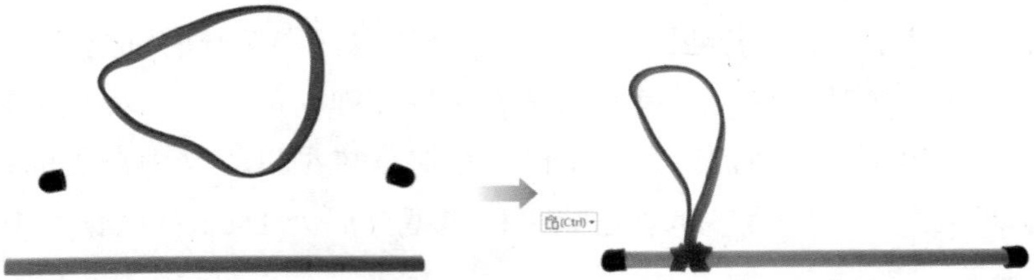

旋翼

机身

图 5.3.8　制作弹射杆

　　一手紧握弹射杆，另一手捏住模型的圆柄，然后拉伸橡筋并将模型竖直向上发射，需要注意的是挂钩位置必须朝内，如图 5.3.9 所示。模型到达最高点后会自动打开旋翼并螺旋下降。在有风环境下，模型可迎风倾斜射出，这样能增大模型的留空时间。放飞时严禁朝人弹射。

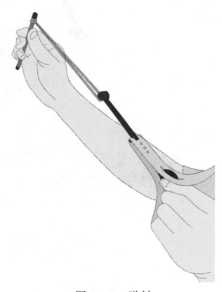

图 5.3.9　弹射

若将模型的两个旋翼粘贴在一起，不让旋翼展开，当模型从高空降落时就会直接下落，并且下落速度非常快。对比可以看出采用自旋降落的方式可以明显降低模型的降落速度，让模型更安全地降落到地面。

⊙ **试一试**

通过改进模型和提高放飞技巧，将模型弹射到高空中，让模型在空中停留的时间更长。

5.4 "天戈"遥控直升机模型

"天戈"遥控直升机模型属于共轴反桨直升机模型，如图 5.4.1 所示，机长为 22cm，旋翼直径为 19.3cm，使用 2.4GHz 遥控技术，遥控方式采用 4 通道，可实现侧飞、旋转摆尾、悬停等飞行动作。模型使用 3.7V 130mA·h 锂电池，使用遥控器即可对模型电池进行充电，充电时间约 30min，可供模型连续飞行 10min 左右。

图 5.4.1 "天戈"遥控直升机模型

5.4.1 起飞准备

首先要详细阅读说明书，识别模型的各组成部分，了解遥控器各按键的名称和功能。然后打开遥控器后盖，给遥控器安装 4 节 5 号电池，安装时注意电池的正负极。在遥控器处于关闭的状态下，将模型的锂电池插入遥控器背面的孔内进行充电，如图 5.4.2 所示。当遥控器正面下方的红色指示灯熄灭后，表示锂电池充电完成。充电结束后，从遥控器上拔出锂电池并安装到模型中。

　　将模型摆放到室内的空旷区域中央，为避免误操作，遥控器设定了安全保护系统，在模型起飞前需要关闭全保护系统，否则模型将无法接收其他操作指令。关闭遥控器的安全保护系统的方法是先将遥控器开关拨至 ON，此时遥控器电源指示灯开始闪烁，遥控器发出滴滴声。然后将左侧油门手柄推至顶部再下拉至底部，遥控器的"滴滴"声消失，电源指示灯长亮，表示安全保护系统已关闭，操控遥控器并将左操纵杆上推即可控制模型的起飞。

　　若模型使用中出现无法接收遥控器指令的情况，需要通过手动操作进行对频。模型接通电源后，红灯闪烁，按住遥控器任意有效微调键○不放，如图 5.4.3 所示。将遥控器开关拨至 ON，2s 后遥控器发出"滴滴滴滴"四声蜂鸣，松开微调键，遥控器蜂鸣连续，指示灯闪烁，5s 后指示灯长亮，对频完成。

锂电池——

图 5.4.2　为锂电池充电

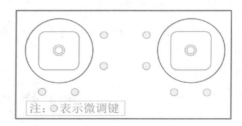
注：○ 表示微调键

图 5.4.3　微调键

　　遥控器默认为"右手油门"模式，遥控器的左操纵杆可控制模型的前进/后退、左转/右转，右操纵杆可控制模型的上升/下降、左侧飞/右侧飞，具体操纵如图 5.4.4 所示。

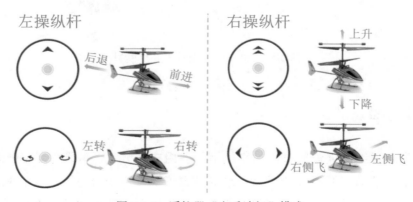

图 5.4.4　遥控器"右手油门"模式

模型在起飞前还需要进行动力和控制检测，确保起飞后能够正常飞行，并可进行有效控制。具体检测方法如下。

（1）将遥控器右手操纵杆水平向左推，左侧舵机将十字盘向下拉，可控制模型向左侧飞。

（2）将遥控器右手操纵杆水平向右推，左侧舵机将十字盘向上推，可控制模型向右侧飞。

（3）将遥控器左手操纵杆向上推，右侧舵机将十字盘向下拉，可控制模型向前飞。

（4）将遥控器左手操纵杆向下拉，右侧舵机将十字盘向上推，可控制模型向前飞。

（5）将遥控器右手操纵杆缓慢上推，旋翼会提速转动，可控制模型的升降和悬停。

将遥控器左手操纵杆水平左推或右推，可控制模型的左偏航和右偏航，模型的偏航运动是通过两个共轴主旋翼的旋转速度差来实现的，例如，从模型上方观察，若顺时针旋转的螺旋桨转速比逆时针旋转的螺旋桨转速大，在反作用力的作用下，模型产生逆时针方向的偏航。

缓慢向前推动右手柄，使旋翼转速增加到能够使模型刚刚离开地面的状态，观察模型的飞行姿态，若模型无法垂直上升，而是向某个方向倾斜，按操控杆边上的微调键进行反向调整。例如，模型发生前倾（图 5.4.5），调整升降舵微调键下键，如图 5.4.6 中的箭头所示。每次按一下按键进行微调，直至前倾完全消失，且无后倾现象，其他情况的调整以此类推。

图 5.4.5　模型前倾

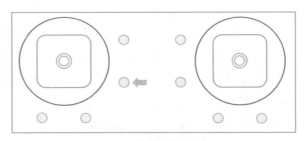

图 5.4.6　按微调键下键

5.4.2 直升机模型起飞

一切准备就绪后，操控者与模型保持一定的安全距离，且操控者的朝向与模型的朝向最好保持一致，这样做的目的是让模型的操控方向与操控者自身的方向一致，易于模型的操控。手持遥控器，左手不动，右手匀速向前缓缓推右操纵杆（油门），使模型以缓慢的速度上升。当模型缓慢上升到目视高度时，可以进行空中悬停，悬停过程还需要油门杆量的微调来保证模型的高度不变，密切观察模型运动的趋势变化，必要时还可以通过微调键来继续微量修正模型的姿态，直至稳定悬停。缓缓下拉右操纵杆（油门），可看到模型缓缓下降至地面。

当能熟练悬停模型后，就可以操控模型进行前、后、左、右的飞行。飞行时将模型上升到一定高度，然后轻轻拨动操纵杆，实现模型在各个方向上的运动，如图5.4.7所示。其中左右侧飞的动作难度较大，可等其他飞行动作操作熟练后再进行练习。在操纵模型进行前、后、左、右飞行时，模型会出现高度下降的情况，这时候需要适当补偿油门，以维持模型的飞行高度不变。当以上基本飞行动作熟练后，才可以进行多方位操控飞行。

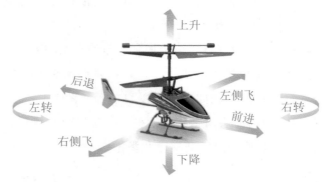

图 5.4.7　模型的运动

观察与发现：地面效应

在操控模型缓缓降落的过程中，会发现模型在临近地面时会出现升力变大或反弹的现象，这时候需要进一步减小油门才可将模型降落至地面。

当模型贴近地面悬停或低速飞行时，旋翼将气流吹向地面，但由于地面的阻挡，气流不能很快地向外扩散，形成气流对地面的冲击，其反作用力对模型产生一个气垫支撑的作用，如图5.4.8所示，这就是地面效应。这种作用与气垫船相似，由于地面效应，模型在接近地面时可以采用较小的动力飞行，这对模型的起飞很有利。在模型着陆的过程中，地面效应也能起到一定的减速作用，但操作不慎，也会造成模型反弹。

图 5.4.8　地面效应示意图

在初次飞行练习时可利用地面效应，让模型贴近地面飞行，这样更容易控制模型悬停，有利于模型在前、后、左、右等方向上的操控练习，提高遥控飞行水平，并且飞行高度低，更有利于保护模型。

悬停后进行左右侧飞的练习，做侧飞动作时油门会出现连动，模型在侧飞时可能会出现急速上升（下降），此时需要及时将油门反方向进行上推（下拉）进行修正。

高级飞行设置

打开遥控器电源开关，关闭遥控器的安全保护系统，同时按下遥控器上的两个微调按钮，如图 5.4.9 中箭头所示，此时遥控器上指示灯开始闪烁，表示高级飞行模式已经开启，再次同时按下这两个按钮或关机，即可解除该模式。高级模式开启后，模型飞行的灵敏度将提高，操作难度也将增大，所以在未熟练掌握飞行技巧前请勿开启。

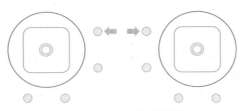

图 5.4.9　高级模式设置

5.4.3 模型竞赛

障碍飞行是遥控类航空模型比赛的常规项目，遥控模型进行穿越飞行可以大大提高操控水平。飞行场地如图5.4.10所示，障碍道具按逆时针方向均匀布置在直径6m左右的圆上。参赛者遥控模型从蓝色起飞点中央起飞，然后按着红色航线依次穿越障碍任务，漏做的任务不计分且重做无效。遥控飞行过程中，参赛者可以跟随模型进行操纵。每轮比赛时间为2min，每轮比赛以完成任务的项目得分之和作为该轮成绩。自选手点名进场即开始计时，任务的具体完成和计分方法如下。

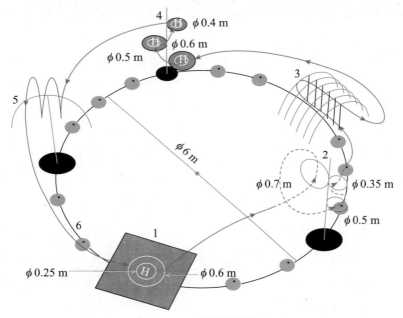

图 5.4.10　障碍飞行场地

（1）起飞：模型从起降区成功起飞，完成得 10 分。

（2）穿越山洞：模型从起降区飞往山洞。直径 0.7m 的圆环，高度 1.25m，分值 20 分；直径 0.5m 的圆环，高度 1m，分值 30 分；直径 0.35m 的圆环，高度 1.5m，分值 50 分。每次穿越山洞机头必须正对前进方向，且每次穿越必须和比赛场地的顺序方向一致。

（3）穿越时空隧道：穿越宽 1.52m、高 0.78m、长 1.12m、中间有立杆的"米形隧道"，单向得 50 分，双向得 100 分。

（4）高台停机观景：着陆在高山平台上并停留至桨叶停止转动。低平台直径 0.6m，高度 0.5m，分值 30 分；中平台直径 0.5m，高度 1m，分值 40 分；高平台直径 0.4m，高度 1.5m，分值 50 分。

（5）飞越高山：飞越直径 1.5m、高 2.0m 的半圆形山门。绕左右半圆形杆飞行 1 圈各得 30 分，模型从上部飞越开始。

（6）着陆：飞回起降区着陆。着陆在直径 0.25m 的圆圈内得 50 分；着陆在直径 0.6m 的圆圈内得 30 分；着陆在直径 0.6m 的圈外基地得 10 分。起降区面积 1.5m×1.5m。着陆压线按低分值计分。

（7）任务 1 和任务 4 的飞行得分，参赛选手必须从低分值向高分值顺序完成，放弃低分值后不能补做。

（8）判罚：模型的着陆必须一次完成，在起降区外触地再进入区内的，和在起降区内触地再停在区外的，成绩均计算为起降区外。模型着陆时翻覆，不计着陆分。

5.5 "挑战者"四轴航拍竞技无人机

"挑战者"四轴航拍竞技无人机机身长为 18cm，对角电机的轴距为 12.2cm，无人机总质量为 73g，如图 5.5.1 所示。无人机使用容量为 3.7V 720mA·h 的锂电池和超广角 720P 高清摄像头，遥控器配有第一视角（FPV）液晶屏，并具备读取 TF 卡的功能，确保最佳的航拍效果；采用四个空心杯马达，内置六轴陀螺仪、高精度气压计等部件，以确保无人机能够保持稳定飞行。

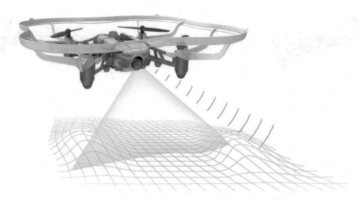

图 5.5.1 "挑战者"四轴航拍竞技无人机

5.5.1 无人机的运动原理

四旋翼无人机是通过调节四个电机的动力来改变螺旋桨的转速，实现升力和反扭力的变化，进而达到控制飞行姿态的目的。四个螺旋桨转速的默契配合实现无人机的垂直运动、俯仰运动、横滚运动、偏航运动和翻滚。

1. 垂直运动与悬停

垂直运动即控制无人机的升降和悬停。同时增大四个螺旋桨的转速，无人机的总升力增加，当总升力大于无人机的总重力时，无人机开始起飞并逐渐上升；当飞在空中的无人机的总升力小于总重力时，无人机开始下降。当无人机处于悬停状态时，无人机的总升力等于总重力。

2. 俯仰与前后运动

俯仰运动即控制无人机的前飞和后飞，以及控制无人机向前或向后翻滚。当飞控系统控制无人机前方两个电机的转速同步下降，后方两个电机的转速同步上升，无人机即表现为向前倾斜，实现无人机俯的动作，如图5.5.2所示。当飞控系统控制无人机前方两个电机的转速同步上升，后方两个电机的转速同步下降，无人机即表现为向后倾斜，实现无人机仰的动作，如图5.5.3所示。若无人机前后电机的转速差值在一定范围内，可实现无人机的前后运动，若转速差值超过一定范围，以至于俯仰角度超过90°，无人机就会表现出向前（向后）翻滚。

图5.5.2　无人机前倾：向前飞行　　　　图5.5.3　无人机后仰：向后飞行

3. 横滚与左右运动

横滚运动即控制无人机左右飞以及控制无人机向左或向右翻滚。无人机的左右判断以假设有人驾驶无人机，左手边为无人机的左侧，右手边为无人机的右侧。当飞控系统控制无人机左侧两个电机的转速同步下降，右侧两个电机的转速同步上升，无人机即表现为向左倾斜，如图 5.5.4 所示。当飞控系统控制无人机左侧两个电机的转速同步上升，右侧两个电机的转速同步下降，无人机即表现为向右倾斜，如图 5.5.5 所示。若无人机左右两侧电机的转速差值在一定范围内，可实现无人机的左右侧向运动，若转速差值超过一定范围，以至于左右倾斜角度超过 90°，无人机就会表现出向左（向右）翻滚。

图 5.5.4　无人机左倾：左侧飞　　　　　　图 5.5.5　无人机右倾：右侧飞

4. 偏航运动（自旋）

偏航运动是对无人机顺时针或逆时针旋转的控制，四旋翼无人机的转向可以借助螺旋桨的反扭力来实现。在无人机处于悬停且方向保持不变时，无人机的螺旋桨旋转产生的反扭力相互抵消。若无人机左前方和右后方的螺旋桨顺时针转动的速度增大，另外两个螺旋桨逆时针旋转的速度降低，保持总升力不变，这时候无人机机身会受到逆时针方向上的反扭力，实现无人机的逆时针旋转，如图 5.5.6 所示。若无人机右前方和左后方的螺旋桨逆时针转动的速度增大，另外两个螺旋桨顺时针旋转的速度降低，保持总升力不变，这时候无人机会受到顺时针方向上的反扭力，实现无人机的顺时针旋转，如图 5.5.7 所示。为了响应更快的偏航转向，有的大型无人机的旋翼电机采用倾斜安装的方式。

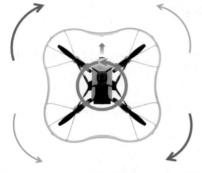
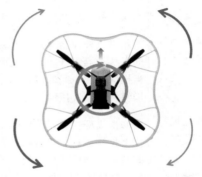

图 5.5.6　无人机逆时针（向左）旋转　　　图 5.5.7　无人机顺时针（向右）旋转

5.5.2 无人机起飞

仔细阅读无人机的使用说明，了解无人机的功能，选择合适的场地和天气条件，组装无人机和遥控器，进行飞行前的准备。在遥控器里安装 4 节 5 号电池，在无人机上的 TF 卡槽内安装 TF 卡，然后将无人机电池安装到无人机上，使用 USB 数据线连接无人机和充电器进行充电，直至电量充满。

为了安全飞行，防止误操作，遥控器设置了安全保护模式，所以无法直接遥控无人机起飞，需要先解除安全保护模式。方法是在无人机与遥控器开机并成功对频后，同时将遥控器的左操纵杆拨到左下角、右操纵杆拨到右下角，并保持 3s 以上，如图 5.5.8 所示，直到无人机的螺旋桨开始转动。

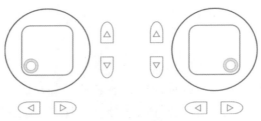

图 5.5.8　解除安全模式

遥控器设有左右两个操纵杆，用手指轻轻拨动操纵杆，可以控制无人机的前后、左右、升降和旋转动作。操纵杆的使用功能可参考表 5.5.1。

表 5.5.1　操纵杆功能

操纵杆	功能
油门操纵杆	油门操纵杆控制无人机升降。 向上推操纵杆，无人机上升。向下拉操纵杆，无人机下降，当无人机接近地面时，一直向下拉操纵杆，无人机降落。 当操纵杆在中间位置时，无人机的高度保持不变（自动定高）
偏航操纵杆	偏航操纵杆控制无人机的朝向。 向左拨动操纵杆，无人机逆时针旋转。向右拨动操纵杆，无人机顺时针旋转。 当操纵杆在中间位置时，无人机不旋转。 操纵杆杆量（拨动幅度）控制无人机旋转的快慢，杆量越大，旋转越快
俯仰操纵杆	俯仰操纵杆控制无人机的前后飞行。 往上推操纵杆，飞行器向前倾斜，并向前飞行。往下拉操纵杆，飞行器向后倾斜，并向后飞行。当操纵杆在中间位置时，无人机的前后方向保持水平。 操纵杆杆量（拨动幅度）控制无人机前后飞行的速度，杆量越大，飞行速度越快

续表

操纵杆	功能
横滚操纵杆	横滚操纵杆控制飞行器左右飞行。 向左拨动操纵杆，飞行器向左倾斜，并向左飞行。向右拨动操纵杆，无人机向右倾斜，并向右飞行。当操纵杆在中间位置时，无人机的左右方向保持水平。 操纵杆杆量（拨动幅度）控制着无人机左右侧飞的速度，杆量越大，飞行速度越快

无人机的操纵杆模式有两种："左手油门"和"右手油门"模式。遥控器首次开机默认是"左手油门"模式。所谓"左手油门"模式，就是将无人机的升降和旋转分配到左操纵杆，前后左右的运动分配到右操纵杆，如图 5.5.9 所示。而"右手油门"模式就是将无人机的升降和旋转分配到右操纵杆，前后左右的运动分配到左操纵杆，如图 5.5.10 所示。

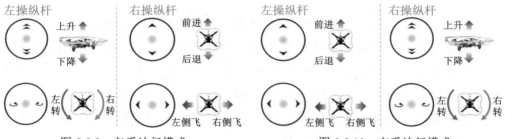

图 5.5.9　左手油门模式　　　　　图 5.5.10　右手油门模式

在实际遥控飞行时，可以根据自己的喜好或习惯选择其中一种模式来控制无人机的飞行。若需要将遥控器切换至"右手油门"模式，可在遥控器电源关闭的状态下，按住 R 键的同时打开遥控器电源，如图 5.5.11 所示，听到"嘀嘀"声后即表示模式切换成功。若需要从"右手油门"模式切换为"左手油门"模式，在遥控器关闭的状态下，按住 L 键的同时打开电源，当听到"嘀嘀"声时表示切换成功。

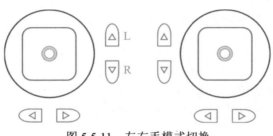

图 5.5.11　左右手模式切换

首次飞行时，让无人机在无风环境中起飞并悬停，然后暂停遥控器的操作，观察无人机的悬停姿态，若无人机的位置有明显偏移，可根据偏移的方向进行反向微调，微调键可选择 a、b、c、d、e 和 f，如图所示 5.5.12 所示。例如，无人机悬停时向左偏移，可按 c 键一次或多次向右微调无人机，直至无人机在左右方向上无偏移。

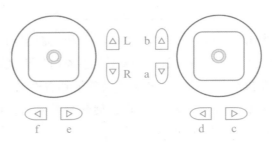

图 5.5.12　无人机微调

无人机的遥控飞行非常简单，但若是第一次体验遥控飞行还需要谨慎操作，既要学会起飞，更要提前掌握降落的方法。遥控无人机飞行时，手柄操纵杆拨动的幅度要小一点，学会控制无人机缓慢移动，避免与物体发生碰撞。先练习无人机的起飞和降落，然后练习拨动操纵杆控制无人机的升降和旋转，初次飞行可在低空进行，飞行高度建议不超过自己的身高。等操作稍微熟练后，再开始小幅拨动操纵杆，练习无人机前后左右的飞行。

当能够自如地控制无人机飞行时，再尝试无人机的翻滚动作以及快速飞行。初次飞行往往想体验无人机高空极速飞行的乐趣，但是，无论你对操作多么熟练，飞行前都要对无人机和遥控设备做好全面检查，熟悉飞行环境，小心操作。因为任何时候无人机的操作稍有不慎，都将面临着坠落的风险，随时可能失去这架无人机，还有可能带来其他的危险。

为了无人机操作的简单化，遥控器还提供 360° 翻转模式，按下该按键，然后拨动右操纵杆选择翻转方向，可实现无人机的 360° 翻转运动。例如，将右操纵杆向右拨动，无人机向右翻转 360°，如图 5.5.13 所示。除此之外，无人机还有初级 / 高级模式、无头模式、航拍等功能，可供用户在自由练习时探索和尝试。

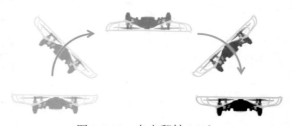

图 5.5.13　向右翻转 360°

5.5.3 无人机遥控飞行练习

熟悉无人机的简单飞行动作以后，就可以控制着无人机在空中飞来飞去，但要获得更高的飞行水平，还需要通过专门的项目训练才能掌握高超的飞行技术。

1. 环绕飞行

环绕飞行是控制无人机沿环形航线飞行，通过环绕飞行可以训练操控者的控制力。环绕飞行有两种基本的飞行方式，一种是无人机的朝向与飞行方向一致，即无人机沿着圆形航线飞行，如图 5.5.14（a）所示；另一种是无人机绕着一个中心点转，无人机的头部朝向圆心，如图 5.5.14（b）所示。在飞行中，还可以通过改变环绕半径、飞行高度、飞行速度、飞行方向、无人机的朝向以及环绕面相对水平面的角度来进一步提高飞行技术。当熟练掌握这样的飞行技能以后，就可以控制无人机在空中飞出匀称的弧线，增强飞行的方向感，有助于控制无人机飞跃障碍，也有利于遥控无人机进行空中拍摄。在实际的应用中，通过控制无人机可对巡检设备的环绕飞行实现快速的全方位环绕检查。

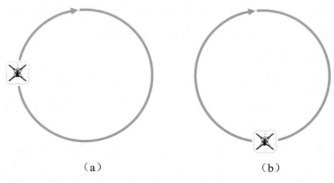

（a）　　　　　　　　　　（b）

图 5.5.14　环绕飞行

2. 8 字飞行

8 字飞行是环绕飞行的进阶训练项目，8 字飞行是遥控无人机按照手写 8 字笔画的方向（或反向）作为航线飞行，无人机朝向航线方向，如图 5.5.15 所示。航线由一个逆时针的圆和一个顺时针的圆组成，主要是训练操控飞机的能力。8字飞行的操作重点是需要同时控制俯仰、偏航和横滚杆，稍有偏差无人机的航线就偏了。所以练习时要匀速推杆，熟悉飞行器的姿态变化，才能真正飞出 8 字航线。

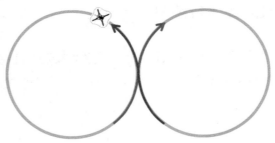

图 5.5.15　8 字航线

3. 第一视角飞行

"第一视角飞行"即 FPV（First Person View），无人机上装有无线图像传输设备，操控者不需要再仰视无人机，而是在地面通过显示屏或 VR 视频眼镜观看无人机飞行时的前方画面，这时候操控者与无人机拥有相同的视角，以此操控无人机前进。以无人机的视角看世界，可以体验近似亲自飞翔的感觉。

有专门为第一视角飞行而设计的无人机，这样的无人机称为穿越机。穿越机的特点是飞行速度极快，并配有 VR 视频眼镜。戴上 VR 视频眼镜操控无人机飞行时，操控者有一种坐在驾驶舱内的感觉，可以看到无人机在各种障碍物中穿梭，宛如身临其境。但这一切惊奇流畅的飞行体验都依赖于操控者能够在各种场景中自如地遥控无人机。

当已经掌握了一定的飞行技术之后，使用 TT 无人机也可以初步体验第一视角飞行带来的视觉冲击感，只需在遥控显示屏的设置界面中选择"VR 飞行"即可。

无人机遥控飞行练习需要正确的方法和耐心，再通过勤加练习就能有所进步。无人机遥控飞行练习还可以通过模拟器来实现，无人机飞行模拟器可以让操控者抛开各种顾虑，并且不受场地、天气、无人机电量等诸多因素的限制。在模拟器中遥控虚拟的无人机对练习飞行技巧有很多好处，但一定要认真对待每一次起飞。

5.5.4　模型竞赛

穿越竞速要求无人机在选手的操控下能够以最快的速度准确完成场地中的任务，如图 5.5.16 所示。选手操纵无人机全程使用第一视角飞行，从起飞点起飞后依次完成各项任务，漏做任务重做无效，选手必须站在操纵区内遥控无人机。比赛任务要求及计分方法如下。

（1）起飞、空中翻滚：无人机自起降区起飞后空中翻滚 1 次。完成得 10 分。

（2）门型：门宽 1.6m，高 1.2m，底边带有 0.15m 高的门槛。成功穿越一个门得 15 分。

（3）隧道：隧道宽 1.6m，高 1.2m，长 2.8m。成功穿越一次隧道得 50 分。

（4）航拍：通过第一视角操控无人机，按要求飞临高塔、大山、雕塑等模型，对目标上的特定标识进行拍照。照片清晰得 50 分，拍摄出现标识不全或者照片模糊不清不予计分。

（5）着陆：完成飞行任务后，飞至着陆区着陆。着陆在直径 0.6m 的停机坪内得 30 分；着陆在直径 0.6m 的停机坪外的起降区内得 10 分；着陆在起降区外判为 0 分。着陆压线按低分值计分。

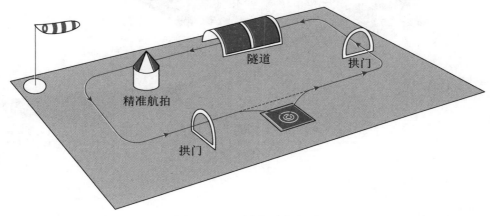

图 5.5.16　无人机飞行场地

每轮比赛以完成任务的项目得分之和作为该轮成绩。无人机的着陆必须一次完成，在起降区外触地再进入区内的，和在起降区内触地再停在区外的，成绩均计算为起降区外；无人机着陆时翻覆，不记着陆分。

第 6 章

特种飞行器模型

　　秋风吹过，落叶随风飞扬，飞行不只属于固定翼飞机和旋翼机，借助空气还可以实现其他各种各样的飞行。例如昆虫以薄翼进行扑翼飞行，形如伞状的飞行器可在空中滑翔……。甚至在没有空气的外太空，我们还可以通过火箭来实现梦想。

6.1 "中天"橡筋动力伞翼机模型

6.1.1 伞翼机

伞翼机是一种以柔性伞翼来获得升力的飞机，飞行时，伞翼张开后利用迎面气流产生的升力而升空，可以实现无动力滑翔。也可以自带动力飞行，在伞翼的下方装有座舱、动力装置和起落架，如图 6.1.1 所示。伞翼机的结构和操控非常简单，份量轻，最大速度一般不超过 70km/h，并且伞翼机起飞和着陆的滑跑距离短，只需百米左右的跑道。

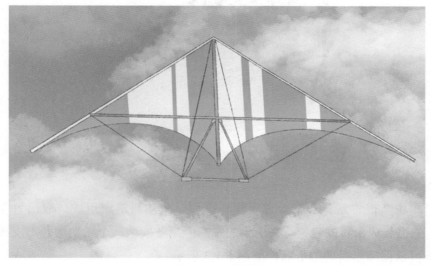

图 6.1.1　伞翼机

大部分伞翼机的伞翼形状为三角形，也有长方形的，伞翼可收叠，易于存放和运输。伞翼机的翼面采用高强度的不透气纤维织物，例如尼龙蒙布，伞翼的骨架多采用铝合金材料制成。当有气流吹向伞翼时，伞翼会形成两个左右对称的圆锥形翼面，自然形成可产生升力的翼面。但由于伞翼结构的特殊性，在同样的高度与速度下，伞翼的升力仅有通常飞机机翼的三分之一左右，因而不能飞到较高的高度。但是由于采用三角形伞翼，使飞机翼展较小，这样在低空复杂气流作用下，相对容易保证平稳飞行。所以伞翼机适用于低空作业，例如运输、通信、侦察、勘探、科学考察和体育运动等。

6.1.2　模型制作

橡筋动力伞翼机模型是一种模仿伞翼机设计的橡筋动力飞机模型，模型的翼展为47cm，机长为41cm，如图6.1.2所示。橡筋动力伞翼机模型是以橡筋缠绕产生的扭力带动螺旋桨旋转，模型前进时利用气流将伞翼吹成弧形翼面而产生升力，当上升至一定高度时，模型失去动力后又会进入滑翔状态，直至返回地面。

图 6.1.2　橡筋动力伞翼机模型

制作步骤

伞翼由7根竹条、若干个透明塑料件和一张塑料薄膜组成。取出竹条和塑料件，先组装成伞翼的骨架，在横梁的左右两侧各安装一个透明的弧形支撑条，支撑条可以保持伞翼面的形状，如图6.1.3所示。

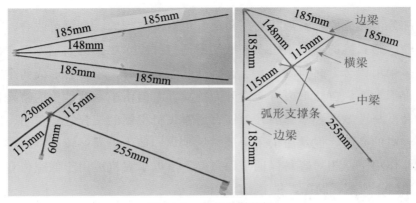

图 6.1.3　组装伞翼骨架

　　将四根长为185mm的竹条两两组合，分别作为伞翼的边梁，一根148mm和一根255mm的竹条与一个塑料管组成伞翼的中梁，一根230mm的竹条作为横梁，用笔在这根竹条的中间位置作一个标记，以此作为调整左右翼面的参考点。

　　在安装竹条与塑料管时，若遇到竹条难以插入塑料管中的情况，可用砂纸对竹条进行打磨，直至竹条可刚好插入塑料管的底部。伞翼骨架制作好之后，还需确认竹条是直的，不能弯曲。

　　将带有红色方格的伞翼薄膜铺平，然后左右对折，找出伞翼的中线并标记，再次展开薄膜，为了制作方便，可用重物压平薄膜，或者在桌面上沾点水，然后将伞翼面平铺在桌面上，用双面胶粘贴到薄膜前边缘和中线上。最后将伞翼粘贴到边梁和中梁上，如图6.1.4所示，在粘贴伞翼面与骨架时，需注意伞翼面薄膜顶端在骨架顶端后方25mm的位置，粘贴时还需要注意伞翼左右对称。

图6.1.4　粘贴伞翼面

　　在机身尾部安装尾钩，将起落架连同螺旋桨一起安装到机头位置，把橡筋系上橡筋结并缠绕4圈，然后将橡筋安装到机身。将伞翼翼台插入距离机身前端75mm的位置，插入尾钩的竹条要打磨得稍细一些，可以前后移动，便于调整模型的重心位置。最后使用60mm的竹条将伞翼与机身固定在一起，如图6.1.5所示。

图 6.1.5　组装伞翼机模型

6.1.3　模型放飞

1. 手掷试飞

在无风或微风环境下，将模型迎风掷出，并观察飞行姿态。若模型以小角度平稳下滑，同时有微微的右转趋势，则说明飞行正常。若模型出现直线或左转弯飞行，可将位于横梁的竹条向左移动，使伞翼左边的薄膜稍绷紧，增大左边的升力，让模型向右转弯飞行，也可以通过在翼尖处添加配重来调整模型的盘旋半径，如图 6.1.6 所示。

图 6.1.6　添加配重块

若模型出现波状飞行，则需要将翼台向后移，直到模型可以正常滑翔。若模型出现下滑角度过大、下滑偏快或直接栽地，则需要将翼台向前移，直到模型可以正常飞行。

2. 小动力试飞

左手捏住模型的机身，右手顺时针旋转螺旋桨，给模型添加 50 转左右的橡筋动力。然后将模型高举，迎风掷出，观察模型的飞行姿态和轨迹，正常的飞行轨迹为：模型右盘旋稳定爬升，在橡筋动力释放结束后，模型以较大的半径右盘旋平稳滑翔，直至飞回地面。

若飞行中模型右倾明显或盘旋半径偏小，可将横梁的竹条向右移动，增大伞翼右侧的升力；若模型刚开始飞行就出现"拉翻"现象，可将横梁的竹条适当向左移动，通过右盘旋爬升的调整方法让模型实现波状改出；若模型爬升不明显或不爬升，可将翼台适当向前移。为了提高模型在爬升阶段的稳定性，有效避免模型的"拉翻"现象，还可以给螺旋桨添加右拉力线，调整方法参见3.5节。

3. 大动力飞行

当小动力试飞成功后，即可对模型进行大动力飞行，将橡筋转数缠绕到200转以上，类似于固定翼橡筋动力飞机模型放飞的方法，将模型微微抬头、右倾（伞翼右倾45°，以克服螺旋桨旋转产生的反扭力）并迎风掷出。为了争取更多逆风飞行的时间，可采用逆右侧风放飞。大动力飞行时，仍需要仔细观察模型的飞行状态并及时调整。

为了进一步提高模型的飞行能力，可对橡筋进行清洗、加润滑油等处理方法，提高橡筋的性能，增大橡筋的最大可绕转数。

6.1.4 拓展阅读——动力悬挂滑翔机

伞翼机属于悬挂式滑翔机，随着动力伞翼机的不断发展，又诞生了一种新的悬挂式滑翔机——动力三角翼滑翔机，如图6.1.7所示。其机翼类似于三角形，可以折叠，易于运输和存放，动力三角翼滑翔机的机翼为硬机翼，形状像轻型的滑翔机，而伞翼机的机翼是一种为柔性机翼。

图 6.1.7　动力悬挂滑翔机

动力三角翼滑翔机的三角翼只有一幅机翼，一个机身，一个航空螺旋桨发动机，其最大飞行高度为 5000 多米，巡航速度可达 90 ～ 100km/h。

动力三角翼滑翔机起降时的地面滑跑距离为 30 ～ 80m，能在土地、草地、沙滩等野外场地快速起降。选装浮筒或橡皮艇可在水面起降，选装滑板后可在沙滩、雪地起降。通常可供二人乘坐，采用活塞式航空发动机带动螺旋桨推进，机翼与机身通过悬挂方式进行连接，飞行员通过移动机身与机翼的相对重心位置实现操纵。同时因其机翼具有较高的滑翔性能，即使出现空中熄火，动力三角翼依然可以像鸟儿一样滑翔着陆，可以说是非常安全的飞行器。

6.2 "翼神"橡筋动力扑翼机模型

6.2.1 扑翼机的飞行原理

蓝蓝的天空下，鸟儿欢快地扑着翅膀自由自在地飞翔，时常令人向往。其实，早在我国西汉时期就曾有人模仿鸟的飞行，文字记载的最早的扑翼飞行器出自《汉书·王莽传》。

扑翼机是一种能够模仿鸟类或昆虫飞行的飞行器，通过"翅膀"将空气拍向下方，产生反作用力来获得飞行的升力和前进动力，其尾翼可以用来改变飞行的方向。

扑翼机有着众多的优势，它能像鸟类一样滑翔飞行，可以长时间滑翔，也可以像鹰、海鸥那样伸展翅膀偶尔扇动几下就能御风而行，滞空时间可超过旋翼机，因此特别适合高空气象探测、地面成像、生态监控、生物研究、敌情侦察等。由于扑翼机能够模拟鸟类飞行，可以飞入鸟群中而不被发现，因此还能在空中跟踪研究鸟类。

6.2.2 模型制作

"翼神"橡筋动力扑翼机模型模仿鸟类的飞行原理，其翼展为 46cm，机长为 32cm，如图 6.2.1 所示。采用曲轴传动来实现扑翼的动作，通过调节可改变扑翼机的爬升角度和飞行半径。

曲轴是一种由曲柄机构驱动的轴，如图 6.2.2 所示，能够实现旋转运动和往复运动之间的转换。在橡筋动力扑翼机中，曲轴将橡筋动力产生的旋转运动转换为扑翼连杆的往复运动，在往复式发动机中，曲轴可以将活塞的往复运动转换为旋转运动。

图 6.2.1　"翼神"橡筋动力扑翼机

图 6.2.2　曲轴

制作步骤

如图 6.2.3 所示，将钢丝卡入机头的凹槽内，保持钢丝的折角向下，然后将卡槽插入凹槽内。再将两个直连杆依次套入钢丝中，把手柄附件套入钢丝尖端位置。最后在机头顶端卡入两个 L 形连杆，其中内侧的直连杆卡入右边的 L 形连杆上，外侧的直连杆卡入左侧的 L 形连杆上。

图 6.2.3　安装机头组件

如图 6.2.4 所示，将两个 L 形连杆的一端分别插入一根长 210mm 的碳纤杆，155mm 的碳纤杆插入机头顶端的细圆孔内，再将方形碳纤杆的一端插入机头下方的方孔内，其另一端安装尾钩。把两根 170mm 的碳纤杆分别插入尾翼基座上，黄色铜片的一端插入基座相应位置，最后在每个碳纤杆的另一端套入小黑帽。

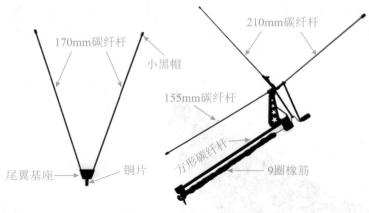

图 6.2.4　安装机身骨架

将黑色橡筋两端系结，绕 9 圈后挂在机身上，橡筋结置于尾钩处，也可以对橡筋进行清洗并添加润滑剂，提高橡筋的动力性能，具体方法参见 3.2 节。

将扑翼薄膜和尾翼薄膜平铺在桌面上，为了制作方便，可用重物压平薄膜，或者在桌面上沾点水，然后在薄膜相应的位置粘贴双面胶，最后把薄膜粘贴到碳纤杆上，如图 6.2.5 所示。粘贴时不要出现褶皱。

图 6.2.5　安装扑翼薄膜和尾翼薄膜

6.2.3　模型放飞

检查模型的对称性、正确性和牢固性。预先将尾翼向上偏移 10°。类似于固定翼橡筋动力飞机模型，橡筋动力扑翼机模型也采用右盘旋的飞行方式，其调整方法是在扑翼的右翼翼尖位置适当添加配重节（图 6.2.6），直至模型能够以较大的半径进行右盘旋飞行。配重节不可添加过多，否则可能会造成模型右倾明显，盘旋半径过小，甚至导致模型难以爬升或右盘旋下坠。还有一种右盘旋飞行的调整方法：从模型的后方看，将尾翼顺时针扭转，使尾翼右倾一定的角度。

图 6.2.6 配重节

用手转动摇柄，使橡筋顺时针缠绕约 50 转，以进行小动力飞行的准备，然后一手固定住摇柄，一手持机身，将模型微微抬头，先松开摇柄，待机翼上下扑动后，再将模型迎风掷出，观察模型的飞行姿态和轨迹。

在试飞中，若模型出现波状飞行，则需要将尾翼的后缘向下压一些，减小尾翼与机身的夹角；若模型难以爬升或爬升不明显，则需要将尾翼的后缘向上偏移，直至模型能够平稳爬升，适当上下扳动尾翼可调整模型的爬升角度，但每次的调整幅度一定要小。

小动力试飞成功后，可将橡筋缠绕更多转数进行大动力飞行，将模型抬头约 30°迎右侧风掷出。

为了获得更大的留空时间，在放飞时可采用大角度向上的投掷方式，这也是竞赛中常采用的手掷方式，用大力量将模型向上掷向天空，以获得更高的高度，还可以借助脚的弹跳辅助。

6.2.4 模型竞赛

橡筋动力扑翼机模型竞赛属于竞时项目，模型的制作时间约 30min，含调试时间。为了提高制作水平，需要进行大量的制作练习，减少制作时间，同时也要保持较高的制作精准度，在制作过程中还需要寻找快速制作的技巧。对制作好的模型进行调整至试飞成功，提高模型的调试和放飞水平。为了适应赛场的各种气流环境，需要在不同气流环境中进行放飞练习，学习并掌握各种气流中的放飞技巧。

为了提高橡筋的动力性能，可对橡筋进行简单的润滑处理和预拉。测试橡筋的平均最大可绕转数，比赛时可将橡筋进行缠绕至接近但不超过平均最大可绕转数。在扑翼机调整过程中，尽量不增加其质量，尤其是右盘旋飞行的调试，可采用尾翼右倾的方式来调整，不建议采用配重块。

6.3 飞翼滑翔机

飞翼滑翔机（简称飞翼机）是一种没有尾翼、机身隐藏在巨大机翼内部的飞机，也叫作全翼机，如图 6.3.1 所示。由于机身的主要部分和机翼融为一体，整个机翼都是用来产生升力的，空气阻力最小，并且飞翼机的重量轻，因此这种飞机的空气动力效率最高。

图 6.3.1　飞翼机

6.3.1　"腾云号"飞翼机模型

"腾云号"飞翼机模型的翼展为44cm、机长为 18cm，如图 6.3.2 所示，经过练习可进行悬浮冲浪竞赛，即借助双手或气流板让模型一直滑翔不落地。"腾云号"飞翼机模型的神奇之处在于，它虽然没有动力，却可以借助气流在空中长时间飞行。飞翼底部的旋转式配重可以调整重心，保持飞翼机模型的稳定。

图 6.3.2　"腾云号"飞翼机模型

1. 模型制作

器材： "腾云号"飞翼机模型、气流板。

展开"腾云号"飞翼机模型的机翼，将配重组件从机翼下方卡入机翼，然后再将压片从机翼上方扣入配重组件中，如图 6.3.3 所示。制作完成后，从飞翼前方进行观察，可看到飞翼的两端微微翘起。

图 6.3.3　安装模型的配重组件

2. 模型放飞

检查模型的对称性、正确性和精准度，在无风环境下，将模型高举过头顶，水平轻轻掷出，若模型呈波状飞行，可将配重块适当向前旋动；若向下俯冲，可将配重块向后旋动，直到模型能够拥有良好的滑翔能力——平稳滑翔，缓缓降落。

为了获得较好的滑翔能力，在试飞前，可先旋转配重块使其后移，手掷试飞，让模型出现波状飞行，然后逐渐将配重块前移，直到波状飞行状态刚刚消失，这时候调试的模型的滑翔性能最佳。

若模型出现明显的转弯飞行，可通过调整左右翼尖上翘的角度来改变偏转方向，例如，模型右转弯飞行，可将右翼尖的上翘角度减小，即右翼尖部分微微下调，同时左翼尖部分上翘角度增加，即左翼尖部分微微上调，直至模型能够直线滑翔。

3. 模型冲浪

模型不仅可以手掷放飞，还可以借助气流板实现"悬浮冲浪"，起到"永不降落"的飞行效果，如图 6.3.4 所示。

取一块尺寸约为 30cm×40cm 的 KT 板、硬纸板或木板作为气流板，一只手持气流板，保持气流板垂直于水平面，另一只手将模型高举于气流板的前上方，然后开始步行，等气流板产生上升气流后再放开模型。紧接着两手左右握住气流板，并紧密跟随模型向前移动，在气流板向前移动的过程中，气流绕过气流板的四周，在气流板的上方，气流绕过气流板向上运动，以此托举着模型，从而一直保持着相对"悬浮飞行"效果。

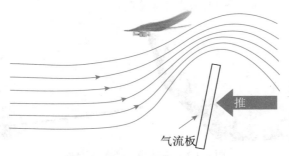

图 6.3.4　"悬浮冲浪"的模型

　　向前移动气流板的速度要适中，如果移动得太快，上升气流太大，模型会上升，然后飞跃到气流板的后面；若移动过慢，上升气流不足，气流难以支撑模型，这时候模型就会滑翔至地面。所以在移动时要时刻观察模型的飞行状态，让模型始终在气流板前方合适的高度，若发现模型有明显的上升和下降，则需要及时调整移动速度和高度，让模型始终保持在气流板的上升气流处飞行。

　　不仅如此，在熟练掌握了如何用气流板产生气流的技巧之后，不仅可以让模型时高时低，时快时慢，还可以左右转弯。在冲浪飞行过程中，将气流板向右平移，如图 6.3.5 所示，右翼的上升气流增加，左翼上升气流减少，使得模型左转弯飞行；若将气流板向左平移，左翼的上升气流增加，右翼上升气流减少，模型便开始右转弯飞行。随着飞行水平的提升，可逐渐缩小气流板的面积。

图 6.3.5　气流板向右平移

4. 飞翼机模型冲浪竞赛

　　选择长 15m、宽 10m 的长方形比赛场地，场地内设置两根高度为 2m 的标杆，起飞线位于其中一根标杆处，如图 6.3.6 所示。

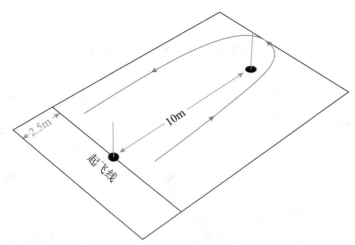

图 6.3.6　飞翼机模型冲浪竞赛场地

飞翼机模型冲浪竞赛制作时间为：中学组 4min、小学组 6min。在规定时间内完成 1、2 架模型的制作与调试。每轮比赛为时间 1min。利用双手或借助推板（推板几何尺寸不大于 A3 纸幅面）推动模型飞行，不得触碰模型，在 1min 内按逆时针方向绕标杆飞行一圈，记录飞行时间；模型飞过起飞线开始计时，飞过终点线停止计时。模型飞过起飞线后与选手任意部位发生触碰，该轮成绩无效；模型触碰标杆或中途坠地需返回起飞线重新起飞，比赛时间连续计时。

每轮比赛以飞行时间作为该轮成绩，时间短者在前。比赛进行两轮，以最好的一轮成绩作为比赛成绩排定名次。如名次相同，则以另一轮成绩排定名次；如再相同，则并列。

6.3.2　"翔云号"电动飞翼机模型

"翔云号"电动飞翼机模型是在"腾云号"飞翼机模型的基础上增加了电机推进，采用后推动力方式，机翼翼展为 44cm，机长为 16.5cm，如图 6.3.7 所示。在充电器内置入 3 节 7 号电池，并对含超级电容的机头充电 5 ～ 10s，可实现 30 ～ 60s 的飞行。

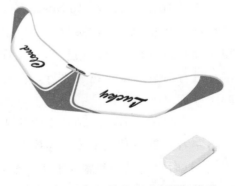

图 6.3.7　"翔云号"电动飞翼机模型

1. 模型制作

器材： "翔云号"电动飞翼机模型、3 节 7 号电池、十字螺丝刀。

"翔云号"电动飞翼机模型的制作步骤非常简单，先在机身的相应位置贴双面胶，然后把机身粘贴到机翼下方，在粘贴时一定要注意粘贴的精准度，不得偏移，这将有利于模型的调试和成功飞行，最后在电机旋转轴上安装螺旋桨，如图 6.3.8 所示，至此，一架电动飞翼机模型制作完成。

机身　螺旋桨

图 6.3.8　组装模型

2. 模型放飞

模型制作好后，仔细检查模型的对称性、牢固性和正确性。在无风环境中进行手掷试飞。将模型高举过头顶，用手轻轻掷出，若模型出现波状飞行，则需要将模型的左右副翼同时向下调，副翼如图 6.3.9 所示，直到波状飞行状态消失；若模型下滑太快，则需要将左右副翼同时向上调；若模型直线飞行，则需要将一侧的副翼向上调，另一侧的副翼向下调，让模型以小角度向左或向右偏航飞行，小角度的偏航飞行是为了让模型在动力飞行中能够以较大的半径盘旋飞行。

模型采用电容式电池，充电前先按下断电按钮，然后使用充电器给模型充电约 5 ～ 10s，如图 6.3.10 所示。充电完毕后，拔出充电器，在户外最好选择无风环境，将模型高举过头顶、迎风水平向前掷出，此时断电按钮弹起并通电，螺旋桨高速旋转并推动模型爬升飞行，观察模型的飞行姿态，当模型以较大的半径进行右盘旋或左盘旋飞行，在动力阶段逐渐爬升，无动力阶段缓慢滑翔，则飞行正常。

若模型在动力阶段爬升不明显或不爬升，无动力滑翔阶段下滑太快，则需要将左右副翼同时向上调；当模型盘旋半径偏小，会导致模型难以爬升或盘旋下坠，这时需通过调整副翼来增大模型的飞行半径。例如，模型右盘旋半径偏小，可将右副翼微微下调，左副翼微微上调。

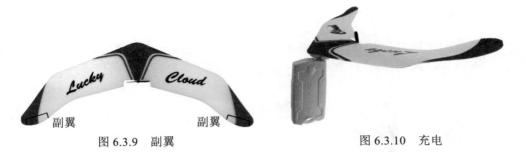

图 6.3.9　副翼

图 6.3.10　充电

6.3.3　"剑客"电动自由飞模型

　　"剑客"电动自由飞模型的设计来自于我国自主研发的军用无人机"利剑"的灵感，"利剑"无人机的全称为"利剑"隐身无人攻击机，如图 6.3.11 所示，飞机采用全翼设计，更有利于"隐身"。"隐身"并不是用眼睛看不到，而是让雷达无法侦察到。

图 6.3.11　"利剑"隐身无人机

　　"剑客"电动自由飞模型的翼展为 30cm，机长为 24.5cm，如图 6.3.12 所示。采用全翼设计，属于飞翼机模型，充电只需 5～10s，可飞行 20s 以上。

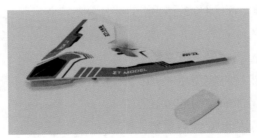

图 6.3.12　"剑客"电动自由飞模型

1. 模型制作

器材: "剑客"电动自由飞模型、3节7号电池、十字螺丝刀。

将机翼粘贴到机身,如图6.3.13所示,粘贴时注意对称性和精准度。

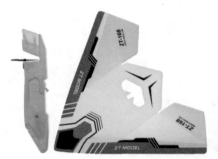

图 6.3.13　组装飞翼机

2. 模型放飞

检查模型对称性、牢固性和精准度,如图6.3.14所示。然后按一下按钮(按钮弹起表示断电状态,按钮按下表示通电状态),让电路通电,通过螺旋桨旋转将模型的电量消耗完,结束后按一下按钮,保持电路断开。

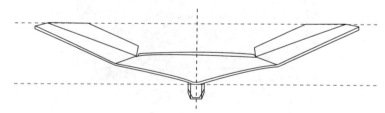

图 6.3.14　检视模型(左右对称、无扭曲)

在充电器中装入三节7号电池,并对模型进行充电,如图6.3.15所示,可以看到机身的红灯亮起,充电5~10s后拔出充电器。按下开关,螺旋桨高速旋转,然后将模型水平掷出,通过调整机身尾部的方向舵,让模型以较大半径进行左盘旋或右盘旋飞行。

图 6.3.15　充电

6.4 "中天一号"水火箭模型

6.4.1 火箭的飞行原理

地球是人类的摇篮，若要飞离地球，离开大气层，只拥有一对"翅膀"的飞机已无法实现，能够帮助我们实现太空梦想的飞行器是火箭，如图 6.4.1 所示。火箭既可以在大气层内飞行，也可以在大气层外飞行，所以火箭属于航天飞行器，是实现航天飞行的运载工具。而飞机只能在大气层内飞行，所以飞机属于航空飞行器。

图 6.4.1　火箭（起飞与升空）

看似复杂的火箭，原理其实非常简单，火箭是利用反作用力来获得推力的。火箭内存储大量的燃料和氧化剂，当火箭发动机点火后，燃料与氧化剂发生化学反应，并产生高温高压气体，这些气体从发动机喷管向下高速喷出，对火箭产生强大的反作用力，使火箭沿气体喷射的反方向推进。

火箭与飞机都存有燃料，但飞机只携带燃料，不携带氧化剂，所以飞机燃料需要借助空气中的氧气（氧化剂）来燃烧；而火箭自带氧化剂，不需要借助空气，使得火箭的燃料在大气层外也可以正常点火燃烧。

根据火箭的飞行原理，可以设计出水火箭模型，如图 6.4.2 所示。水火箭模型是利用气筒加压气体来推动水向下喷出而产生推力。在发射水火箭之前，先在水火箭的箭体中装入适量的水，然后利用气筒将空气压入箭体中，增大箭体内的压强。火箭发射时，打开箭体的喷口，高压气体使水向喷口下方高速喷出，从而推动水火箭模型飞向天空。

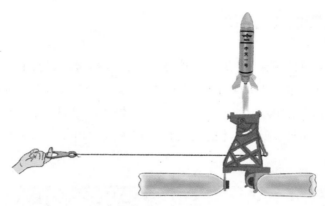

图 6.4.2　水火箭模型

水火箭模型的升空过程中分三个阶段：水推进阶段、气体推进阶段和惯性上升阶段。水火箭模型的主要推进过程则在于水推进阶段，高速水流推动模型加速上升，并让模型获得较大的上升速度和高度，有时候为了进一步提高模型的上升高度，可将水推进阶段进行多级设计，类似于火箭的一级助推、二级助推……，如图 6.4.3 所示。当水完全喷出后，接下来喷出的就是压缩的空气，这时候进入第二个推进阶段，这个推进过程非常短暂，也会产生一定的推进距离，在气体推进结束后，模型将失去飞行动力，但模型仍具有上升的速度，所以模型借着惯性还会继续上升一定的高度，这就是第三个惯性上升阶段。当模型达到最大高度后，便会自由降落或打开降落伞降落到地面上。

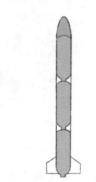

图 6.4.3　多级水火箭模型

6.4.2　模型制作

水火箭模型主要由三部分组成，分别为火箭箭体、发射架和打气筒，在发射时，水火箭模型安装在发射架上，通过气筒将更多的气体压入模型内。水火箭模型的组装步骤如下。

1. 水火箭模型箭体组装

（1）在水火箭模型发射舱下端的喷嘴处套入黑色的密封圈，如图 6.4.4 所示，这可以增加发射舱与发射架的气密性。然后在发射舱内放入透明的环形垫片并摆放平整。垫片的作用是增加发射舱与箭体的气密性，避免在高压情况下有水或气体从箭体内流出，剩余的垫片供松紧调节备用。

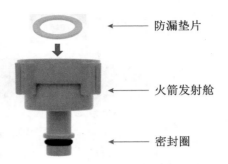

防漏垫片

火箭发射舱

密封圈

图 6.4.4　安装密封圈和防漏垫片

（2）将四片尾翼自上而下插接到模型发射舱的四周，如图 6.4.5 所示。火箭尾翼可以提高直线飞行时的气动稳定性。当火箭在大气中高速直线飞行时，会遇到各种扰动而偏移原来的飞行方向时，尾翼会借助反向产生的空气阻力使其再次回到原来的轨道上，这类似于飞机尾翼的作用。一般情况下，模型尾翼有三、四个，且对称放置。当模型稍微偏离其路径时，如果只有两个尾翼，则与尾翼平行的平面的扰动将无法得到方向上的纠正，模型将偏离航向。而尾翼达到 5 个或更多，效果并不会提升，还会产生过多的空气阻力。

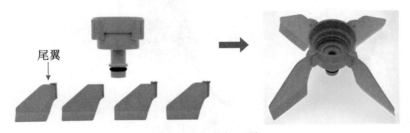

尾翼

图 6.4.5　安装尾翼

在新型火箭中，有的已经不再使用尾翼，而是改用自动控制系统来控制发动机喷嘴方向，以此获得火箭飞行姿态的微调。取消尾翼主要是为了减轻阻力，降低燃料消耗，使火箭飞得更快。

仔细观察模型的 4 个尾翼还会发现，尾翼后缘是向右偏的，这个微小的右偏会让模型发射后产生逆时针自旋的效果（从地面观察），这种旋进的运动方式会进一步提高模型直线飞行的稳定性。

（3）将整流罩扣入模型箭体的头部，如图 6.4.6 所示，然后把贴纸粘贴到模型的主体两侧进行美化。模型的整流罩一方面可以起到减小空气阻力的作用，另一方面，由于整流罩材质偏软，当模型在降落至地面时，可减少模型对地面的冲击力，起到保护模型的作用。

整流罩　　　　　　　　　　火箭箭体

图 6.4.6　安装整流罩

2. 组装发射架

（1）将六角金属长螺栓从发射台一侧的弧形孔中穿入，如图 6.4.7 所示，注意六角螺栓帽须卡入（图中的红色线）弧形卡槽内，然后在另一面使用白色旋钮与螺栓顺时针拧紧并固定。

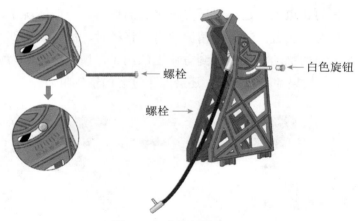

螺栓　　白色旋钮

螺栓

图 6.4.7　安装螺栓和旋钮

调节旋钮的位置可改变模型的发射角度，通过读取旋钮位置所对应的数字刻度可得到模型发射方向与地面的夹角。

（2）将发射台与底座扣接，如图 6.4.8 所示，使得发射台的底部四角与底座处于自锁状态。

（3）取出牵引绳，然后将牵引绳的一端从发射台中间穿过并系到发射台扳机圆孔上，再将牵引绳的另一端系到拉环小圆孔处，如图 6.4.9 所示。

（4）将打气筒与发射架的软管连接在一起，

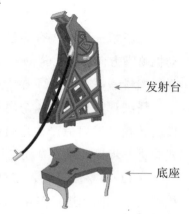

发射台

底座

图 6.4.8　组装底座和发射架

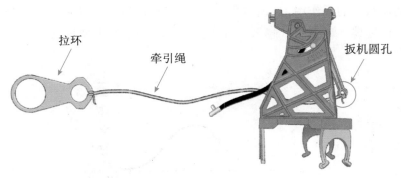

图 6.4.9 系牵引绳

然后取三个相同的、体积不小于 1.25L 的空饮料瓶，在每个瓶中注满水并拧紧瓶盖，最后将每个瓶子卡入底座瓶卡扣内，如图 6.4.10 所示。发射架底座选用的瓶子越大，注水越多，越有助于提高发射架的稳定性。

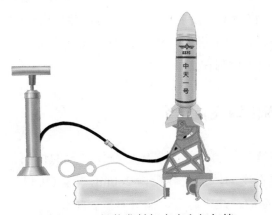

图 6.4.10 组装发射架底座和打气筒

6.4.3 模型放飞

在水火箭模型与发射架制作好以后，可进行首飞测试，首次试飞可暂不注水，发射场地可选择室内或室外，将模型安装到发射台上并固定，然后用打气筒充气加压，拉开牵引绳至远处，如图 6.4.11 所示。

为了发射安全，在一切准备就绪即将发射前，手持牵引绳，同时开始倒计时："10、9、8……3、2、1、发射"，在远处拉动牵引绳，可看到模型嗖地一下向上飞出，由于模型的动力仅来自于气体高速向下喷出的反作用力，这个作用力远小于高速水流的反作用力，所以模型上升高度较低，可在室内测试和放飞演示。通过探究可发现，模型充气越多，气压越大，模型上升得就越高。

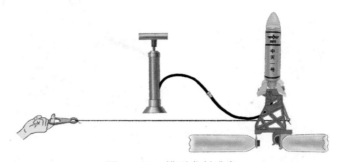

图 6.4.11　模型发射准备

在首飞测试成功后，将发射场地移到开阔的室外，可根据发射效果的需求在模型内注入适量的水，首次可注入 60 ～ 90ml 的水量进行测试（模型的最大容量为 260ml），同时将模型与发射舱连接并拧紧。然后用打气筒给模型充气加压，充气结束后，在远处拉动牵引绳，观察模型的飞行姿态，为了发射安全和保护模型，通常将打气次数控制在 20 ～ 30 次。

6.4.4　水火箭模型飞行探究

影响水火箭模型飞行动力的因素包括箭体充气的体积、气压和注水量，箭体的总容量是固定不变的，最大容量为 260ml，空气可以很容易被压缩，而水是几乎不可以被压缩的，注水越多，储气容量就越少。

改变模型的发射角度，模型落地点会与发射点有一段距离，发射角度越向下倾斜，模型落地越远，但当发射角小到一定程度时，模型发射后的落地距离又会变小。

在无风环境下，保持模型的注水量和气压不变，为了有较好的发射效果，可选择注水量在 60 ～ 90ml，每次发射时打气筒的打气次数保持相同，建议打气次数为 20 次，逐渐改变模型的发射角度，探究模型的发射距离与发射角度的关系，并将数据填至表 6.4.1 中，其中发射角度为模型发射方向与水平面的夹角。

表 6.4.1　模型发射角度与发射距离记录表

发射序号	发射角度	打气次数	注水量 /ml	发射距离 /m
1				

发射序号	发射角度	打气次数	注水量 /ml	发射距离 /m
2				
3				
4				
5				

通过探究发现，当模型的发射角度在 50° 左右时，模型发射的落地点最远，如图 6.4.12 所示。在理想情况下，忽略空气阻力及其他干扰，通过理论计算可得模型倾斜 45° 时发射的距离最远，其理论计算可使用高中数学和物理知识来证明。在有风的环境下发射时，需要将模型朝着来风方向倾斜适当的角度再进行发射。

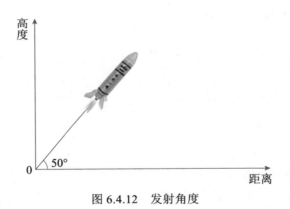

图 6.4.12　发射角度

还可以选用 500ml 以及其他容积的合适的饮料瓶来改装成新的箭体，将新的箭体与发射舱结合，通过试飞和改进来探索更远的距离和新的高度。

6.4.5　模型竞赛

在地面画一条发射线，水火箭模型发射台整体位于发射线之后，距离发射线 25m 的位置设置平行于发射线的短线为目标线，如图 6.4.13 所示。

模型发射架必须安装发射控制装置，确保模型起飞前锁定在发射架上。模型正常降落到距离目标线前后 10m 的得分区域为有效飞行。测量模型头锥最前端垂足与 25m 目标线的直线距离，精确到 0.01m。

改变模型的注水量、发射角度和打气次数，记录模型的发射距离。

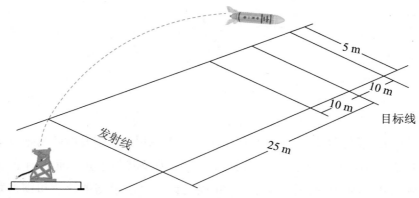

图 6.4.13　水火箭模型距离挑战场地示意图

6.4.6　拓展阅读——长征火箭

由于万有引力的存在，我们身边的一切物体都被地球牢牢吸引，地球引力一直向天空方向无限延伸，要飞出大气层、飞离地球，就需要从地球引力中"逃逸"出来，若要继续飞往太空更远的地方，还需要摆脱太阳系的引力，甚至银河系的引力。为此，我们至少需要一个可产生一股强大推力的装置与地球引力相抗衡，并且可以在太空中飞行，它就是火箭。当火箭的推力超过地球对它的引力时，它就会拔地而起，直入云霄，飞往宇宙深处，如今，火箭已是发射卫星、建立空间站、探索太空的重要工具。

针对不同的发射任务，我国研制出多种型号的长征系列火箭，其中一种类型是按照发射载人飞船的要求设计的运载火箭——长征二号 F 型火箭（CZ-2F），又称"神箭"，如图 6.4.14 所示。火箭全长为 58.4m，直径为 3.35m，有四根助推器，其长度为 16m，直径为 2.25m，起飞质量约 480t，可以把 8.8t 的有效载荷送入地球近地轨道。为了保证航天员的安全，火箭增加了故障检测和逃逸系统，其作用是在飞船入轨前，监测运载火箭的状态，若发生重大故障，使载有航天员的飞船安全地脱离危险区。长征二号 F 型火箭主要用于发射神舟飞船、天宫空间实验室、可重复使用实验航天器等。

若要飞往宇宙更远的地方，还需要更大推力的火箭。长征五号火箭就是一种大推力、高可靠的新一代运载火箭，也是我国起飞规模最大、运载能力最大、技术跨度最大的一种运载火箭，总体技术达到国际先进水平，主要用于发射地球同步转移轨道卫星。

如图6.4.15所示。长征五号（CZ-5）火箭总长为56.97m，火箭主体直径为5m，4个助推器的直径为3.35m，全箭起飞质量约867t，犹如庞然大物一般，所以人们给它起了一个可爱的名字，叫"胖五"。火箭具备近地轨道25t、地球同步转移轨道14t的运载能力，可以完成近地轨道卫星、地球同步转移轨道卫星、太阳同步轨道卫星、空间站、月球探测器和火星探测器等各类航天器的发射任务。

图6.4.14 长征二号F型火箭

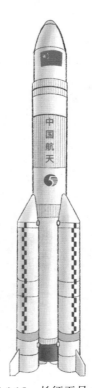

图6.4.15 长征五号火箭

为了继续前往太空一探究竟，科学家和工程师们从未止步，目前正有一新型重型火箭计划于几年后诞生——长征九号火箭，该火箭最大直径为10m，总长约百米，起飞质量超过4000t，近地轨道运载能力达140t，地月转移轨道运载能力约50t，该火箭将用于我国深空探测、载人登月和登陆火星、太空空间站建设（如空间太阳能电站）等任务。

附　录

橡筋类 / 自由飞类飞机模型飞行数据记录表

模型名称		时间	年　月　日　时
模型编号		飞行场地	
天气		风级 / 风速	
橡筋种类		橡筋质量	
翼台位置		尾钩位置	
橡筋动力转数		留空时间	
探究任务			
改进 （橡筋 / 好扭 / 右拉力线……）			
调试			
飞行描述	手掷方法		
	爬升阶段		
	滑翔阶段		
总结			